JN492382

중국어 독해

中文阅读理解

백수진 · 蘇英霞 공저

www.shiasa.co.kr
신아사 홈페이지에 MP3파일 있어요
MP3 무료다운로드

中文阅读理解

신아사

머리말

교수법 차원에서 외국어 능력을 구사하는 듣기, 말하기, 쓰기, 독해(또는 읽기)의 4영역은 독자적인 중요성을 가지고 있으며 효율적인 학습을 위해서는 4영역을 연계한 종합적 학습법이 필요한 것도 사실이다. 그러나 현실은 그렇지 않다.

지금 국내 대부분의 중국어 관련 학과에서는 학생들이 6개월~1년 정도 어학연수를 한다. 연수를 마치고 돌아온 학생들은 하나같이 발음이 유창하고 듣기 능력이 뛰어나고 말하기도 잘 한다. 그러나 중국어 독해 수업에서 우리말 해석에 필요한 문장 성분 분석 능력은 여전히 부족하다. 우리말 해석을 문장구조 체계에 대한 정확한 이해 없이 문맥 추측이나 문장 중에서 이미 알고 있는 단어의 의미 정보에 의지하여 해석하는 경우가 많다. 학습자는 한자를 조금 배웠거나 배우지 않아도 '한자'라는 유전인자를 가지고 있기 때문에 어휘 의미나 구의 결합구조 관계를 추측으로 알 수 있기 때문이다.

물론 '읽기' 전략에서는 추측에 근거한 해석이 필요하다. 읽기는 단어나 본문을 정확하고 유창하게 읽고 본문에 내포된 뜻을 이해하며 본문에 담긴 사회문화를 이해하는 것이기 때문이다. 문자 그대로의 해석은 가능한데 내포된 의미를 파악하지 못할 경우 텍스트를 이해할 수 있는 배경지식이 필요하다.

하지만 복잡한 복문의 경우 단어의 의미 정보만으로는 문장 해석이 어렵다. 특히 종합적 학습을 위한 독해 학습에서는 반드시 문장 분석 능력을 갖추어야 한다. 이 문장에서 '주어 성분은 어디까지이고', '무엇은 무엇을 수식하고', '이렇게 해석하면 우리말 논리 관계가 맞지 않고'와 같은 분석 방법을 알아야 한다. 그리고 이러한 분석 과정은 문법과 작문 학습에 직접적인 도움이 된다. 우리말 해석문을 가지고 거꾸로 다시 중국어로 표현해보는 연습을 할 때도 문장 분석 능력은 절대적으로 필요하다.

필자가 2009년 11월에 실시한 '구HSK'(초중등) 시험에 응시한 수험생(중국에서 학습하는 한국 유학생) 6,677명의 듣기, 문법, 독해, 综合填空의 상관관계를 조사해 본 결과 문법 지식과 독해 지식의 상관계수가 가장 높이 나타났다. 즉, 문법 영역의 성적이 좋은 학생이 독해 영역에서도 훨씬 높은 점수를 받았다. 이것은 문법 지식과 독해 능력이 매우 밀접하게 관련되어 있음을 보여줄 뿐 아니라, 독해 학습에서 문법 지도가 중요함을 시사해 주기도 한다.

그래서 이 책의 제 1편에서는 제 2외국어로서의 중국어 학습자가 독해 능력 향상을 위해 필요한 구문 구조들을 집중적으로 다루었다. 독해에서 복잡한 문장 구조의 의미 파악에 필요한 문법 지식은 문법 수업에서 강조하는 문형(특수 문형 포함) 중심의 문법 지식과는 조금 다르다. 상용 문형과 구조, 복수의 부사어와 관형어 구조, 복합서술어, 등과 같이 복잡하고 긴 문장의 분석에 필요한 새로운 문법 지식을 습득해야 한다. 제 1편에서 인용한 대부분의 예문은 "북경대 중국어 독해 특강"(기초편/초중급편, 원제:"初級漢語閱讀教程", 北京大學出版社)에서 인용하였다.

제 2편 '해석실전' 부분에서는 학습자가 독해 텍스트를 재미있게 접근할 수 있도록 최근의 중국 사회문화 현상들을 소재로 다루었다. 그래서 어휘도 신조어가 많이 등장한다. 매 과의 텍스트 편폭도 지루하지 않도록 짧게 만들었다. 그리고 텍스트 내용 이해에서 학습자 스스로 문맥을 통해 단어의 의미를 추측할 수 있도록 하기 위해 '生詞' 부분에서는 우리말 해석을 달지 않았다.

모쪼록 본 교재를 통해 학습자들이 정확한 문장 분석 능력에 기초해서 텍스트를 해석할 수 있는 실력을 배양하고, 더불어 독해 학습을 통해 최근 중국의 사회문화 관련 주제에 대해 말하고 작문할 수 있는 실력도 갖추기를 바란다. 그리고 흔쾌히 이 책을 출판해준 [도서출판] 신아사에 고마움을 전한다.

2013년 5월

저자 씀

중국어 독해
中文阅读理解

목차

제1편

문장 분석과 해석 방법

제2편

해석 실전

제1편

문장 분석과 해석 방법

1 독해 수업에서 교사들의 수업 진행 방식

중국어 학습 환경이 좋아짐에 따라 중국어를 전공하는 학생들은 대부분 중국현지에 어학연수를 간다. 연수를 마치고 돌아온 학생들은 하나같이 발음이 유창하고 듣기 실력이 뛰어나고 일상 생활회화도 가능하다. 그러나 중국어 문법 기초가 약한 상태에서 어학연수를 간 학생들의 경우 독해에서의 문장 분석 능력은 여전히 부족하다. 이들은 문장 해석을 정확한 문법적 분석에 근거하지 않고 의미 추론에 의지하여 해석하는 경우가 많다. 여기서 '기초'가 약하다는 것은 구체적으로 무엇을 의미하는가? 한국인 교사가 선호하는 문법-번역교수법을 보면 그 답을 알 수 있다.

아래 텍스트는『북경대중국어독해특강(기초)』(『初級漢語閱讀教程Ⅰ』, 北京大学出版社)에 나오는 내용 중 일부이다. 이 교과서에는 본문과 어휘 설명, 그리고 연습문제만 있고 따로 문법 설명이 없다.

一家公司去年访问了北京、上海和广州三个地方16—45岁的981名网民、发现网民分五种情况：

一、中学生。他们上网主要是聊天儿和玩儿游戏。
二、大学生。他们从网上得到新信息，如看新闻、跟朋友聊天儿。
三、在公司工作的人。他们每月的收入超过3000元，一般都上过大学，平均年龄30岁左右。

[연습문제]

다음 문장의 빈칸을 채우시오.

第三种网民的月收入超过__________元。

다음 문장을 완성하시오.

一个16岁的学生，喜欢上网玩儿游戏， 他可能是第______种网民。

교사들은 학생들에게 먼저 새로 나온 단어[生詞]에 대한 설명을 우리말로 간단하게 한다. 단어 설명에는 10분 정도 소요된다. 우리 한자어와 유사한 단어는 별도로 설명을 하지 않는다. 그 다음 학생들에게 본문 텍스트를 읽히고 우리말로 해석하게 한다. 학생들의 해석 오류는 다음과 같다.

한 회사에서 작년에 북경, 상해, 광주 세 곳을 방문했다. 16세에서 45세까지의 981명의 네티즌을, 그리고 네티즌은 다섯 가지 상황으로 나누는 것을 발견했다.

위의 해석 오류처럼 기초 독해 수업 초반에는 정확한 문장 분석에 근거해서 해석하지 않고 맥락이나 우리말 의미 추측에 근거해서 해석한다. 그래서 교사는 이 부분을 문법 분석에 근거한 1:1 대응식으로 해석을 바로 잡아준다.

작년에 한 회사에서 북경, 상해, 광주 세 지역의 16세에서 45세에 해당하는 981명의 네티즌을 방문한 결과 이들 네티즌이 다섯 종류로 분류됨을 알게 되었다.

이 문장을 정확하게 분석해서 우리말로 해석하기 위해서는 학습자가 다음과 같은 문법 지식(문장 분석 능력)을 갖추어야 한다.

1) 一家公司[주어]去年[부사어]访问了[서술어]北京、上海和广州三个地方['的'의 생략]16－45岁的981名网民[목적어]
2) 명사 간의 연결에서 '的'가 둘 이상 사용될 경우 일반적으로 앞부분의 '的'는 생략하고 뒷부분(중심어 바로 앞)에 '的'를 첨가한다.

교사는 학생들에게 필요한 문법 설명을 곁들이면서 우리말 해석을 해준다. 더불어 학생의 해석 중 틀린 부분도 수정해 준다. 교사는 학생의 우리말 해석을 통해 이 학생이 문장의 어떤 부분에서 이해를 못하고 있는지를 정확하게 판단할 수 있다. 학생에게 해석 오류를 정정해 주면 학생은 중국어를 한국어로 해석하는 능력과 함께 문장 분석 능력도 익히게 된다.

이 방식이 국내 한국인 교사가 선호하는 문법-번역교수법이다. 아직까지도 문법-번역교수법이 인기있는 것은 강의의 편리성과 의사전달의 명확성 때문이다. 교사들은 그 어떤 교수법보다도 학생들에게 빠른 피드백을 얻을 수 있다. 하지만 독해 내용과 관련한 듣기나 회화 같은 언어의 다른 기능은 소홀해질 수밖에 없다.

이번에는 중국 현지에서 많이 사용하는 교수법을 보자(『怎様教外國人漢語』北京語言大學出版社, 참고). 교사는 수업에서 한국인 교사와 달리 어휘 설명에서 가장 많은 시간을 할애한다.

[본문1]

他学汉语学了三个月了，个个句子他都翻译得很准确。

办喜事时，他们的新房很简单。

교사는 '个个=每个', '新房=结婚用的房子' 처럼 새로운 단어에 해당하는 단어를 다른 표현으로 설명해준다. 그리고 기초 회화에서 사용하는 어휘를 동원해 설명하기도 한다. "他发音很准"를 예로 들면서 '准确'를 '准'과 같은 뜻이라고 설명하기도 한다. 영어권 학생과 달리 한자문화권의 한국 학생들에게 어휘 설명에 지나치게 많은 시간을 할애하는 것은 좀 비효율적이라 본다.

교사들은 한국어를 모르기 때문에 문법-번역교수법 방식은 불가능하다. 교수의 개인 역량에 따라 다르겠지만 특별히 문법 기능을 강조하는 교수자가 아니라면 어려운 문장 구조가 있어도 주어가 어디까지이고 목적어가 어디까지이고, 등의 설명은 잘하지 않는다. 학생들이 문장의 뜻을 제대로 이해했는지의 평가는 문장성분 구분에 필요한 끊어 읽기[斷詞/切分]에서 가장 먼저 이루어진다.

[본문2]

请这位懂京剧的(/)中国朋友/给我们讲讲/这个戏的意思吧。

通过/跟他们的交際，他/了解了/中国的文化(/)和风俗习惯。

그 다음 단계로는 주로 '질문-대답' 방식을 통해 학생들의 이해 정도를 확인한다.

[본문3]

请这位懂京剧的中国朋友给我们讲讲这个戏的意思吧。

请什么样的朋友讲这个戏的意思？
请这位中国朋友给谁讲？
请中国朋友给我们讲什么？

다음 방식은 학생들이 단락 내용을 귀납적으로 개괄하고 핵심 내용을 찾도록 하는 연습이다.

[본문4]

年年月月都有星期天，书画家的星期天是怎么度过的？电视片《书画家的星期天》讲给观众有趣的回答。《书画家的星期天》分三集。12月22日、24日、28日在北京电视台陆续播出。

这段文字的主要内容是：
A 介绍一个书画家的星期天
B 预告一个电视节目
C 推荐一本杂志

교사는 본문을 따라 읽게 하고 학생 개개인에게도 읽기를 시킨다. 그리고 새 단어, 숙어, 어구 결합을 설명하는데 많은 시간을 할애한다. 학생의 이해도 평가에는 본문 내용 요약하기, 본문 내용 다시 표현하기, 문형 연습 등의 방식을 사용한다. 본문에서 이미 가르친 내용은 연습문제를 통해서 점검하고 내용에 대한 물음에 중국어로 대답하게 한다.

문법 설명은 허사 용법이나 복문의 문법관계 분석을 위주로 하며, 긴 문장이나 난해한 문장의 문법적 분석이나 설명은 거의 하지 않는다. 텍스트를 읽고 내용을 이해하는 과정이 주를 이룬다. 그러다 보니 학생들은 읽기나 어휘, 단락의 의미를 이해하는 실력은 뛰어나지만 개별 문장에 대한 성분 분석은 소홀히 하는 경향이 있다. 당연히 학생들은 난해한 구조의 문장 해석에는 문맥이나 의미 추론에 의지할 수밖에 없다. 하지만 학생들은 교사와의 문답 과정을 통해 읽기 기능 외에도 듣기와 회화 기능도 함께 향상시킨다.

지금까지 설명한 교사의 독해 수업 방식을 통해 국내에서 공부하는 학생과 중국에서 공부하는 학생은 독해 공부에서 각각 무엇을 보완해야 할지를 확인할 수 있을 것이다.

2 독해 안에 HSK 문제가 들어 있다

독해 학습에서 문장 성분 분석에 관심을 가지고 우리말 해석을 하면 HSK문제 풀이에 많은 도움이 된다. 그럼 독해용 텍스트 안에 문법 문제가 어떻게 들어 있는지를 확인해보자.

一家公司去年访问了北京、上海和广州三个地方16－45岁的981名网民、发现网民分五种情况：

一、中学生。他们上网主要是聊天儿和玩儿游戏。
二、大学生。他们从网上得到新信息，如看新闻、跟朋友聊天儿。
三、在公司工作的人。他们每月的收入超过3000元，一般都上过大学，平均年龄30岁左右。

다음 1)-3)은 HSK의 문법 부분에서 자주 출제되는 유형이다.

1) 다음 중 '的'의 올바른 위치는?
一家公司去年访问了北京、上海和广州①三个地方②16－45岁③981名④网民, 发现网民分五种情况。

2) (　　)公司去年访问了北京、上海和广州三个地方。에서 (　　) 안에 들어 갈 양사는?

3) 他们①得到②新信息③从网上，如看新闻、④聊天儿⑤跟朋友。의 올바른 어순은?

1) ~ 3)의 문제를 풀기 위해서 반드시 문법 공부를 해야 할 필요는 없다. 독해 문장을 큰소리로 여러 번 낭독하고 문장 구조를 꼼꼼하게 분석하다 보면 HSK 문법 공부를 따로 하지 않아도 많은 유형의 문제를 쉽게 풀 수 있다. HSK 시험에서 고득점의 효과를 보기 위해서는 먼저 문장 분석에 대한 기초를 쌓고 나서 HSK 문제풀이에 들어가야 한다. HSK 시험공부 자체를 통해서 중국어 기초실력을 향상시키는 데는 한계가 있다.

3
독해도 결국은 암송이다

흔히 외국어 학습에는 왕도가 없다고 한다. 하지만 지름길은 있다. 다만 우리가 보지 못할 뿐이다. 그것이 바로 암송이다. 하지만 암송의 성과를 얻기 위해서는 단순 반복을 실천할 의지가 절대적으로 필요하다.

지금도 중국의 대학에서는 많은 학생들이 오전 수업 전, 혹은 점심시간을 이용해서 학교 도서관 앞 잔디에서 큰 소리로 영어 책을 암송하는 것을 볼 수 있다. 회화 책이 아니라 전공 관련 영어 원서이거나 1학년 교양 필수 영어 교재이다. 또한 외국어대학 건물에는 '암송교실'(晨讀敎室)이 별도로 있어 여기서 각종 외국어 전공 학생들이 수업 시작 직전 1시간 가량 큰 소리로 책을 암송하는 것을 볼 수 있다. 비단 영어 뿐만이 아니었다. 기타 무역, 역사 관련 이론 교과서도 큰소리로 읽는 것을 볼 수 있다. 내용을 이해하고 요점을 정리하기 위해서는 묵독보다 암송이 훨씬 효과가 크기 때문이다. 중국 학생들의 영어 토플 성적이 한국이나 일본보다 훨씬 높고 생활회화도 유창한 이유가 영어 학습에 유리한 언어적 특성(어순이나 발음에서의 일부분)에 기인한 것이 아니라 암송 위주의 자기주도적 학습에 기인한다고 본다.

그런데 우리 국내 대학에서는 중국어 학습에서 문장을 암송하는 학생들을 잘 보지 못 한다. 대부분이 듣기나 묵독 위주의 공부를 한다. 우리 학생들은 중학교 때부터 학교나 학원에서 하는 듣기 위주의 영어수업 방식에 익숙해져 듣기 학습은 스스로 잘 하는 것 같다. 물론 듣기 반복 학습은 외국어 습득에서 매우 중요하다. 하지만 듣기보다는 말하기가 더 중요하다. 읽기를 반복하다 보면 듣기는 자동으로 해결된다. 그러나 듣기를 공부하고 나면 말하기를 별도로 또 공부해야 한다. 원리는 간단하다. 듣는 만큼 말할 수는 없지만 말하는 만큼은 들을 수 있기 때문이다.

중간고사, 기말고사 시험시간에 필기시험과 암기 테스트를 병행할 때와 필기시험만 칠 때를 비교해 보면 학생들의 중국어 학습 효과가 확연히 차이가 난다. 암송을 시험점수와 관련시키지 않으면 학생들은 묵독을 하는 습관에 얽매여 있다. 학생들은 고등학교 때까지 정교한 프로그램, 요점정리 등 고도화된 서비스에 길들여져 있다. 그래서 주입암기식에 대한 거부반응에다 '복잡하고 정교하게 짜여진' 교수법만이 더 효과적이라는 생각을 가지고 있다. 암송이라 하면 다들 일단 거부반응을 보인다. 이걸 왜 하지? 하는 표정을 짓는다. 회화 수업도 아닌데 왜 본문을 암송해야 하는지 이해를 못한다.

암송은 암기와 다르다. 암기 위주의 공부는 단계별 학습의 범위를 넘지 못한다. 수학처럼 어느 한 단계를 이해해야만 그 다음 단계로 진도를 나갈 수 있다. 하지만, 암송의 세계에선 초등학생도 그 어려운 『논어』를 배울 수 있다. 소리 자체를 음미하다 보면 뜻이 환하게 밝혀지기 때문이다. 옛날 선비들의 하루 일과는 사서삼경을 비롯한 각종 고전들을 소리 높여 읽는 것으로 시작됐다. 수천 번 읽고 또 읽어 완전히 암송한 다음, 뜻을 익혔다. 즉, 옛사람들에게 있어 독서란 어디까지나 소리 내어 읽는 것이지 속으로 달달 외는 것이 아니었다. 외국어를 습득하는데도 암송보다 더 좋은 방법은 없다. 구한말 대원군시대 때 천주교를 믿는 신자들이 선교사들이 놀랄 정도로 영어를 빨리 구사할 수 있었던 것도 한문 경전을 암송하는 습관대로 영어 문장을 암송했기 때문이다.

암송은 신체 전체의 기운을 활발하게 소통시킨다. 실제로 여러분도 중국어 책을 낭독하면 스트레스가 풀리고 배가 빨리 고픔을 느꼈을 것이다. 암송을 하려면 발성기관을 활발하게 움직여야 하고, 그러기 위해선 턱관절을 유연하게 움직여야 한다. 이 운동은 뇌를 자극하는데 아주 효과적이다. 어른들이 식탁에서 음식을 꼭꼭 씹어 먹어야 뇌가 좋아진다고 하신 말씀도 바로 이 점과 관련이 있다. 회화 수업도 아닌 독해 수업에서 중국어 지문을 암송하는 이유가 바로 여기에 있다.

4

암송의 한 방법 —섀도잉 스피킹

흔히 회화는 문장을 암기할 수 있을 정도로 반복해서 따라 읽는다는 생각을 하지만 독해 문장은 묵독을 하면서 우리말로 해석을 할 수 있으면 마스터 한 것으로 알고 있다. 하지만 그럴 경우 독해 문장을 회화 표현으로 활용할 수가 없다. 중급 수준 이상의 회화·작문을 유창하게 하기 위해서는 문장을 암기할 수 있을 정도로 큰소리로 읽기 연습을 해야 한다. 그런데 혼자서 무작정 반복해서 읽으면 지겹고 하기가 싫다. 스트레스를 받지 않고 잡념을 없애주고 노래를 부르듯이 신나게 공부할 수 있는 방법이 바로 섀도잉(shadowing) 기법이다. 영어의 shadow에서도 알 수 있듯이 그림자처럼 다른 사람의 말을 그대로 따라 한다는 뜻이다.

섀도잉은 원래 예비 전문통역사들이 공부하는 학습 방법 중의 하나였다. 지금 이 섀도잉 훈련법은 이미 통역사 양성의 영역을 벗어나 외국어 교육 분야에서 광범위하게 활용되고 있다. 섀도잉을 할 경우 듣기 능력이 향상되고, 박자 감각이 정확하게 살아나고, 발음과 성조가 좋아지고, 끊어 읽기를 정확하게 알게 된다.

영어 토익도 이 섀도잉 학습법으로 고득점을 얻을 수 있다고들 한다. 중국인 학생들은 매일 아침 교실에서 낭독 시간을 갖는데 이 때 영어과 학생들은 아나운서의 흉내를 내면서 시사 관련 내용을 큰소리로 읽기 연습을 한다.

따라 읽기 방법에서 오디오를 활용할 경우 성우의 음성이 나온 뒤 한 두 단어 쯤 뒤에 따라 하면 된다. 따라 읽기를 할 때 성우의 음성보다 너무 늦으면 기억력의 한계로 따라 할 수가 없다. 두세 자 정도 뒤에서 바짝 쫓아가야 한다. 섀도잉의 효과를 피부로 느끼려면 같은 내용을 최소한 수십 번 반복해서 읽어야 한다. 섀도잉 연습에서는 모르는 단어나 해석이 어려운 문장이 있어도 무조건 따라 읽으면 된다. 섀도잉의 1차 목적은 의미의 이해가 아니라 전문 성우가 녹음한 오디오의 소리를 따라하는 것이다. 음의 높낮이, 단어의 길이, 끊어 읽는 부분이나 숨 쉬는 부분, 강조하는 부분을 완전히 똑같이 따라 해야 한다. 학습자는 독해 수업에서도 이 섀도잉 기법을 활용할 경우 학습 효과를 높일 수 있다. HSK 독해 부분 시험에서 시간이 부족해 문제를 다 못 푸는 경우가 많은데 섀도잉을 하면 이 문제도 해결할 수 있다. 덤으로 새도잉을 통해 정확한 발음으로 문장을 숙지했기 때문에 작문도 해결할 수 있다.

5

문장 해석에는 성분 분석이 중요하다

문장은 완전한 사고 표현의 단위이다. 완전한 사고 표현이란 일정한 서술 대상과 서술 표현이 함께 나타난다는 것을 나타낸다. '철수'라는 단어(서술 대상) 하나로는 철수가 어떤 사람인지 알 수 없다. '철수는 영리하다'에서 처럼 문장은 '철수'가 어떠하다는 것을 나타내 준다. 문장은 주어와 서술어의 2대 요소로 이루어진 언어 구조다.

<u>우리</u> <u>한글은</u> <u>대단히</u> <u>과학적이다</u>.

위의 문장은 우선 '우리 한글은'과 '대단히 과학적이다'로 분석된다. 앞부분은 '과학적이다'의 주어이고, 뒷부분은 그 주어에 대한 서술이다. '우리 한글은' 부분을 '주어부'라 하고, '대단히 과학적이다' 부분을 서술부라 한다. 앞부분은 다시 '우리'와 '한글은'으로 분석되고, '우리'는 꾸미는 말이고, '한글'은 꾸밈을 받는 말이다. 뒷부분 '대단히 과학적이다'도 '대단히'와 '과학적이다'로 분석되며, 이 관계도 꾸미고, 꾸밈을 받는 관계이다. 문장은 일정한 구실들을 하는 성분들로 짜여져 있다.

아버지께서는 지금 신문을 읽고 계십니다.

'읽고 계십니다'는 서술어, '아버지께서'는 주어, '신문을'은 목적어, '지금'은 부사어 역할을 한다. 이와 같이 문장을 구성하면서 일정한 역할을 하는 요소들을 '문장 성분'이라 한다. 문장을 제품에 비유하면 하나의 완제품과 같다. 예를 들면 핸드폰이라는 완제품은 여러 부속품(재료)을 조립하여 만든 것이다. 이 부속품이 바로 문장 성분에 해당한다. 부품 중에도 중요한 역할을 하는 부품이 있고 별로 중요하지 않은 부품이 있다. 문장 성분도 문장의 뼈대를 이루는 주요 성분이 있고, 주요 성분에 딸려 그것을 꾸며 주는 역할을 하는 부속 성분이 있다. 그리고 다른 성분과 직접적인 관련을 맺지 않고 독립적으로 쓰이는 독립 성분이 있다. 주요 성분에는 주어, 서술어, 목적어가 있고 부속 성분에는 관형어, 부사어가 있고 독립 성분에는 독립어가 있다. 서술어는 '술어'라 표현하기도 한다.

[서술어 성분]

그는 중국어를 공부한다. (동사)
그는 아주 성실하다. (형용사)

'공부하다'와 '성실하다'를 문장에서 떼어내 하나의 단어로 보면 동사와 형용사이다. 그러나 문장 안에서는 둘 다 주어에 대하여 그 동작이나 상태를 서술하는 서술어로 쓰였다.

[관형어 성분]

그는 옛 친구를 만났다. (관형사)
그는 우리가 돌아온 사실을 모르고 있었다. (관형절)

'옛'과 '우리가 돌아온'은 관형어이다. 관형사 '옛'이 뒤의 명사(목적어 성분) '친구'를 꾸미고, 절(節) '우리가 돌아오다'는 뒤의 명사(목적어 성분) '사실'을 꾸미고 있다. 그래서 '우리가 돌아온'은 관형절이 된다.

[부사어 성분]

축구를 아주 좋아한다.
매우 희귀한 보석이다.
너무 많이 먹었다.

'아주', '매우', '너무'는 그 품사가 모두 부사이다. 그러나 문장 안에서는 이들 부사가 각각 서술어 '좋아한다'를 꾸미고, 관형어 '희귀한'을 꾸미고, 부사어 '많이'를 꾸민다.

다음은 중국어 문장을 보자.

汽车是一种运输工具。(주어)
我买了一辆汽车。(목적어)
汽车的速度很快。(관형어)

'汽车'란 단어를 문장 안에서 보지 않고 따로 떼어내 독립적으로 보았을 때 이것은 하나의 품사로서 명사이다. 그러나 문장 안에서는 주어, 목적어, 관형어의 역할을 한다.

다음은 하나의 단어가 아닌 '동사 + 목적어' 구조가 주어, 목적어, 관형어 성분의 역할을 맡고 있다.

学习汉语要注意方法。(주어)
他喜欢学习汉语。(목적어)
他要订一个学习汉语的计划。(관형어)

다음은 '주어 + 서술어' 구조가 문장의 성분 역할(=절)을 맡고 있다.

天气热是这里的特点。(주어)
我知道他已经出发了。(목적어)
留学生住的地方在那边。(관형어)

'주어 + 서술어' 관계인 '天气热', '留学生住', '他出发'가 각각 문장 안에서 주어, 관형어, 목적어의 역할을 맡고 있다. 다음은 관형어, 부사어의 역할을 보자.

[주어 앞에 사용된 관형어]

관형어 — 중심어(주어) — 서술어 – (목적어)

我的汉语老师是中国人。
这套衣服是我的。

石头房子很结实。

[목적어 앞에 사용된 관형어]

주어 — 서술어 – 관형어 — 중심어(목적어)

我想买两顶帽子。
我想听一个钟头的音乐。

[부사어]

我经常去图书馆。(부사 '经常'이 부사어)
我们应该提高效率。(능원동사 '应该'가 부사어)
從上海回來。(개사구조 '從上海'가 부사어)
我努力(地)學習。(동사 '努力'가 부사어)

6 문장 분석 방법

王子 ‖ 知道　　很多人不希望他打猎。
(‖=주어부와 술어부의 경계를 표시)
주어 ‖ 술어(동사)　목적어

이 목적어 '很多人不希望他打猎'는 또 다음과 같이 나누어진다.

很多人 ‖ 不　希望　他打猎
주어 ‖ 부사어　술어(동사)　목적어

목적어 '他打猎'는 하나의 문장(절)으로 다시 다음과 같이 나누어진다.

他 ‖ 打猎
주어 술어(동사)

'주어+서술어' 의 형식을 갖춘 하나의 문장이 더 큰 문장 안의 문장성분(목적어)으로 자리할 때 이것을 절(목적절)이라 한다.

(越来越多的)英国人 ‖〔不〕 希望 他们的王子继续打猎。
관형어 주어 부사어 술어(동사) 목적어

목적어 '他们的王子继续打猎' 는 다시 다음과 같이 나눈다.

(他们)的王子 ‖ 〔继续〕 打猎
관형어 주어 부사어 술어(동사)

또 다른 문장 분석 예를 보자.

他们 ‖ 批评了 (王子打猎的) 行为。
주어 술어(동사) 관형어 목적어

你们 ‖〔要〕〔对这个问题〕进行 分析。
주어 ‖ 부사어 부사어 술어 목적어

我 ‖ 问 他 大会的主席是谁。
주어 ‖ 술어(동사) 목적어 목적어

队长 ‖ 告诉 大家 (一个) (好) 消息。
주어 부사어 목적어 관형어 관형어 목적어

情况 ‖〔一定〕〔要〕 调查 〈清楚〉。
주어 ‖ 부사어 부사어 술어(동사) 보어

(小王的) 哥哥 ‖ 昨天 买 〈到〉了 (新出版的) 杂志。
(관형어) 주어 ‖ 부사어 술어(동사) 보어 관형어 목적어

7 문장 해석에는 문맥논리 파악이 중요하다

중국어의 문장 해석을 잘하기 위해서는 어휘와 문법 실력 외에도 문맥논리에 대한 파악이 중요하다. 특히 중국어는 형태 표시가 발달하지 않았기 때문에 더욱 그렇다.

在几千年的封建社会里，中国人的恋爱、婚姻一直受到许多限制，青年男女不能自由恋爱，他们的婚姻要由父母决定。

'中国人的恋爱、婚姻一直受到许多限制'와 '青年男女不能自由恋爱' 사이에는 '(因为)~所以'와 같은 형식적인 관련어가 없어도 문장과 문장 사이에는 의미적으로 인과관계가 존재한다.

中国人的恋爱、婚姻一直受到许多限制，√青年男女不能自由恋爱~ (√='所以')

중국인의 연애나 혼인은 많은 제약을 받아서 (그래서) 청춘 남녀는 자유로이 사귈 수 없었다.

아래 밑줄친 문장의 √표시 부분에도 '因为', '所以'와 같은 관련 단어가 없지만 문장 간의 연결에서는 이러한 의미를 지니고 있다.

这个男人工资很高，常常给太太买很贵的礼物。这个男人在家的时候很少，太太有时候会不高兴。但是，如果一个男人总是在家，女人会喜欢他吗？

这个男人在家的时候很少，√太太有时候会不高兴。(√=‘所以’)

이 남자는 집에 있을 때가 적기 때문에 (그래서) 부인은 때론 기분 나쁠 수 도 있다.

登山我不喜欢去那种名山大川，人太多。我喜欢自己去登那种没有什么人的山。

登山我不喜欢去那种名山大川，√人太多。(√=‘因为’)

등산은 나는 그런 명산대천은 좋아하지 않는다. 사람이 너무 많기 때문에.

8 문장 분석에서 ‘的’는 문제 해결사

중국어는 영어와 같은 복합한 형태변화가 없어 간단한 문장의 경우에는 해석하기가 쉽지만 여러 명사성 성분이 나열되어 있을 경우 학습자는 가장 어려움을 느낀다. 이때는 무조건 ‘的’를 첨가시켜보면 문제를 해결할 수 있다.

一家公司去年访问了北京、上海和广州三个地方16—45岁的981名网民，发现网民分五种情况：

초급 학습자 중 일부는 명사가 여럿 연이어 들어 있을 경우 의미 추측에 근거해 원문의 의미구조와 상관없이 다음과 같이 해석을 한다.

한 회사에서 북경, 상해 광주 세 곳을 작년에 방문했는데 16세에서 45세까지의 ~(×)

한 회사에서 북경, 상해 광주 세 곳의 16세에서 45세까지의 981명의 네티즌을 방문하여 ~(O)

정확한 문장 해석을 위해서는 동사 '访问'의 대상이 되는 목적어가 어디까지인지를 파악하는 것이 중요하다. 대상은 위의 틀린 해석문처럼 '北京、上海和广州三个地方'까지가 아니고 '的' 뒤의 중심어 '网民'까지이다.

一家公司去年访问了北京、上海和广州(的)三个地方(的)16—45岁的981名网民 (×)

一家公司去年访问了北京、上海和广州三个地方(的)16—45岁的981名网民 (O)

중국어 표현 습관으로 '북경, 상해, 그리고 광주 지역의 세 곳'이란 의미일 때는 '北京、上海和广州(的)三个地方'처럼 '的'를 첨가할 수 있지만, '북경, 상해, 광주 세 곳'이란 의미일 때는 '的'를 첨가할 수 없다. 따라서 '的'를 첨가할 수 있는 곳은 '三个地方(的)'의 뒤부분 뿐이다. 그리고 두 개의 '的'가 들어갈 경우 중국어에서는 일반적으로 앞 부분의 '的'는 생략하고 중심어(网民)에 가까이 위치한 곳에 '的'를 사용한다.

日本大学毕业生一个月的工资差不多是20万日元，所以他们的生活还是很不错的。
大学生找农民企业家，老年人第二次结婚等是越来越多，可以说，中国人保守的婚姻观念终于发生了变化。

이 문장의 해석에서도 '毕业生'과 '中国人' 뒤에 '的'를 첨가하면 올바른 해석이 눈에 들어온다.

日本大学毕业生√一个月的工资差不多是20万日元~

(√='的'의 잠재적 위치)

일본 대학 졸업생들의 한달 임금은 대략 20만엔이 되기 때문에

中国人√保守的婚姻观念终于发生了变化~(√='的'의 잠재적 위치)

중국인들의 보수적인 혼인관이 마침내 변하기 시작했다.

마찬가지로 '的'를 중복 사용하면 좋지 않기 때문에 가능하면 하나만 사용하려 한다. 두 곳 중 한 곳에만 '的'을 사용할 경우 뒤부분에 사용한다. 앞 부분에도 '的'를 사용할 경우 비문법적인 것은 아니지만 중국어의 표현 습관에는 맞지 않다.

작문에서 한국어 해석문 '일본 대학 졸업생들의 한달 임금', '중국인들의 보수적인 혼인관'에서의 '-의'의 영향으로 '的'를 첨가하지 않도록 유의해야 한다.

또 다른 유형의 '的' 분석 예를 보자.

父母决定婚姻的情况有了根本的改变，青年人可以自由结婚了。

父母决定(婚姻的情况) ‖ 有了根本的改变(×)

부모가 혼인의 상황을 결정하다(×)

(父母决定婚姻的)情况 ‖ 有了根本的改变(O)

부모가 혼인을 결정하는 상황에(O)

'부모가 혼인의 상황을 결정하다'로 해석할 경우 우리말 '상황을 결정하다'에서 '상황'과 '결정하다'는 호응관계가 맞지 않다. '부모가 혼인을 결정하는 상황에 근본적인 변화가 일어났다.'로 해석해야 한다. 올바른 해석을 하기 위해서는 중국어 문법 구조로 판단할 수도 있고 우리말 의미로 판단할 수도 있다.

9

명사+명사(=偏正構造)의 분석

中国加入了世贸组织，政府工作可以得到比较好的发展。

'政府工作'는 표면상 '上海的早晨' 처럼 '的'을 사용하지 않고 '명사+명사'로 결합되었지만 실은 의미상 偏正構造(중심어를 수식하는 관형어적 관계)로 앞부분인 '偏'이 뒷부분 '正'을 수식·제한한다. 의미구조는 다음과 같다.

做政府工作的人。〔=做政府(方面)工作的人。〕
做服务工作的人。〔=做服务(方面)工作的人。〕

위와 같은 구조의 또 다른 예로는 '木頭房子(나무로 만든 집), 文件內容(서류(의) 내용), 社會地位(사회적 지위) 등이 있다.

'上海的早晨'에서는 '的'이 있어 뒤의 명사를 수식· 제한하는 偏正關係임을 알 수 있으나 木頭房子, 文件內容, 社會地位는 '的'과 같은 형식 표지가 없어 학습자는 대등한 조건의 병렬 관계로 오인하기 쉽다. 또한 작문에서는 한국어 '적=的'으로 생각하여 '사회적 지위'를 '社會的地位'로 잘못 표현하기도 한다. '木頭', '文件', '社會'는 모두 뒤의 명사를 수식 · 제한하는 역할을 한다.

10

'对/对于'의 관할 구역을 정확히 파악해야 한다

中国社科院在全国63个城市对2599名16岁以上城市居民进行了关于职业的调查。

중국사회과학원에서는 전국 63개 도시에서 16세 이상 도시거주자 2,599명에 대해 직업에 관한 조사를 진행했다.

이 문장을 정확히 해석하기 위해서는 다음과 같은 문장 분석 능력이 필요하다.

中国社科院 ‖ 在全国63个城市/对〔2599名16岁以上城市居民〕/进行了(关于职业)的调查。

주어 ‖ 在+장소/对+대상/进行+목적어(关于+대상+的+중심어)
(~는 ~에서 ~에 대해 ~을 했다)

前几年，国家对14个大中城市主要行业的工资情况进行调查，发现现在中国职工平均工资最高的行业是房地产业。

이 문장에 대한 옳은 분석과 잘못된 분석은 다음과 같다.

国家‖对〔14个大中城市主要行业〕的工资情况进行调查，~ (×)

국가는 14개 대도시와 중소도시의 주요 직종에 대한 임금 상황을 조사했다. (×)

国家‖对〔14个大中城市主要行业的工资情况〕进行调查，~ (O)

국가는 14개 대도시와 중소도시의 주요 직종의 임금 상황에 대해/상황을 조사했다. (O)

이 문장에서는 '对' 의 대상을 '14个大中城市主要行业' 까지로 잘못 볼 수도 있다. 해석을 해보면 '국가는 14개 대도시와 중도시의 주요 직종에 대해' 다음에는 '~했다' 라는 동사가 나와야 되는데 뒤에는 '工资情况' 이라는 명사가 아직 남아 있다. 따라서 해석을 다시 수정해서 '对' 의 대상을 '工资情况' 까지로 잡아야 한다. '对' 의 대상을 무조건 동사 '进行' 앞 부분, 그리고 마지막 '的+명사' 로 끝나는 부분(~的工资情况)까지로 보면 된다.

他们对市长、党政机关领导干部这些有政治权利的职业并不喜欢。

앞의 예와 마찬가지로 '对' 뒤에 '市长、政府部长、党政机关领导干部这些有政治权利的职业并不喜欢' 이라는 긴 문장이 있지만 '的+명사' 까지가 '对' 의 관할 구역이다.

他们‖对〔市长、政府部长、党政机关领导干部这些有政治权力的职业〕并不喜欢。

(그들은 ~의 직업에 대해/직업을 결코 좋아하지 않는다.)

对恐怖症的治疗一定要请专业医生，因为儿童恐惧的内容与母亲的恐惧、焦虑症状相关。

对〔恐怖症的治疗〕一定要请专业医生(×)

두려움의 치료에 대해 반드시 전문의에게 보여야 한다

对〔恐怖症〕的治疗一定要请专业医生(O)

두려움에 대한 치료는 반드시 전문의에게 보여야 한다

중국어의 문장 구조나 우리말 의미로 봐도 주어 부분 '对恐怖症的治疗' 의 구조 분석은 '对〔恐怖症〕的治疗' ('두려움에 대한 치료')로 '对+恐怖症' 가 뒤의 '治疗' 를 수식하는 구조이다.

我不太清楚从什么时候起中国有了这种变化，因为我在印尼时对中国的了解太少了。

我对〔中国的了解〕太少了（×）
我〔对中国〕的了解太少了(O)

왜 '对'가 '~的(工资)情况', '~的职业'에서는 동사 바로 앞, 그리고 '~的+명사'까지 관련되어 있고 '~的治疗', '~的了解'에서는 '~的+동사' 앞까지 관련되어 있는가? 우리말 해석이 자연스러운지 아닌지를 가지고 판단할 수도 있고 중국어 문법으로 판단할 수도 있다. '的' 뒤의 중심어 역할을 하는 '情况', '职业'는 명사이지만 '治疗', '了解'는 동사이기 때문이다.

11

'就'는 큰 역할을 하면서도 독자에게 관심을 못 받는다

독해에서 '就'는 학습자에게 철저히 외면당하는 무관심한 존재이다. '就'의 역할을 무시해도 의미 추론에 의해 해석이 가능하기 때문이다. 하지만 회화나 작문을 할 경우에는 아주 소중한 존재이다.

他运气不错，①大学一毕业就参加了公务员招考，结果被录取，在市政府办公室工作。
②他第一天上班就发现公司以前想得很不一样。办公室的桌子上是一台台电脑。办公室的主人让他写一个开会的通知，他只花了三十分钟，③就在电脑上写完了，发到主任。主任修

改好了，④他就把通知发给了各有关单位。

①은 '一 ~就'의 '就'이고 나머지 ②~④의 '就'는 모두 (예상보다) 이른 시간을 나타낸다. 우리말의 '벌써'에 해당한다.

昨天是2002年政府机关公开招考公务员进行现场报名的第一天，在北京报名现场，早上8点，①来报名的大学生就已经排起了长队。这次报考公务员的很多是名牌大学毕业生，不少来自北大、清华、人大，②其中北大的本科、硕士、博士毕业生就超过1000人。

①의 '就'는 (예상보다) 이른 시간을 나타내고 ②의 '就'는 (예상보다) 많은 숫자를 나타낸다.

~，所以在大学三年级的时候，①我就打算毕业后到中国继续学习汉语。我终于又来到了中国。②我打算就在这里发展，毕业以后在这里娶个中国老婆。③我就在中国不走了！

①은 (예상보다) 이른 시간을 표시한다. ② '就'='只'. ③의 '就'는 태도나 의지가 단호하여 쉽게 바뀌지 않음을 의미한다.

'就' 앞 부분의 문절이 '가설'을 의미할 경우

我们的班长是一位常常给大家带来快乐的人。班里有了他，就常常有笑声。
企业开始跟工作人员签劳动合同，工作不好就可能被辞退，"铁饭碗"没有了。

'如果~就' 처럼 가설관계 복합문의 앞 문절에 관련어 '如果'가 있으면 해석하기가 쉽지만 관련어 '就' 하나만 있을 경우에는 문절 간의 의미 논리

관계를 잘 파악해야한다. "班里有了他，就常常有笑声"은 "(如果)班里有了他，(那么)就常常有笑声"과 동일한 의미 관계이고, "工作不好就可能被辞退"는 "(如果) 工作不好就可能被辞退"와 마찬가지다.

'就' 앞 부분의 문절이 '조건'을 의미할 경우

孩子考上大学是家里的一件大喜事，因为上了大学将来就又能有一份较好的工作。

대학에 들어가기만 하면 앞으로 꽤 괜찮은 일자리가 있을 수 있기 때문이다.

"上了大学将来就又能有一份较好的工作"에서 '就' 앞 부분은 '只要'와 같은 관련어가 없어도 조건 제시를 의미하고 '就' 뒤 부분은 이 조건이 충족되는 상황에서 나타나는 결과를 의미한다. "只要努力，就能取得好成绩。"에서의 '只要～就'와 같은 가설관계 복합문이다.

문장의 앞 문절에서 가설, 조건 관계를 나타내는 관련어 '如果/只要'가 있어도 '如果/ 只要'와 '就' 사이에 다른 문장이 개입될 경우 '就'의 역할을 간과하기 쉽다.

只要人人注意环保，从身边的小事做起，我们生活的地球就会永远美丽。

사람들마다 환경보호에 관심을 가지고 주변의 작은 일부터 하기 시작하면 우리가 살고 있는 지구는 영원히 아름다울 것이다.

중간에 '从身边的小事做起'라는 표현이 첨가되거나 '就' 앞에 주어 '我们生活的地球' 있음으로 인해 '只要～就'의 관련 의미 역할을 놓칠 수 있다.

12 의미상의 동격을 표시하는 '这些'

他们对市长、党政机关领导干部这些有政治权利的职业并不喜欢。

그들은 시장, 당정기관의 지도자나 간부와 같은 정치권력을 지닌 직업을 결코 좋아하지 않는다.

이 문장에서 '对'의 대상은 '~的职业'까지이다. 그리고 '市长、党政机关领导干部'와 '这些(有政治权力的)职业' 사이에 어떤 동사도 개입되어 있지 않고 '这些'가 연결되어 있으면 의미상의 동격을 나타낸다. 분석하면 다음과 같다.

市长、党政机关领导干部＋这些(有政治权力的)职业(＋＝동격을 의미)

같은 유형의 다른 예는 다음과 같다.

他总会说"我小时候"、"我刚毕业的时候"这些表示过去的词语。

그는 늘 '내가 어렸을 때는', '내가 막 졸업했을 때는'과 같은 과거를 나타내는 단어들을 말하곤 한다.

跟着旅行团旅行不用操心交通、住宿、饮食这些事情，主要的景点导游都会带你去看。

여행단을 따라 여행할 경우 교통, 숙박, 음식 등과 같은 문제는 걱정할 필요 없다.

现在社会上缺会计，我们这些学会计的可是热门货。

지금 사회에서는 회계전공자가 부족하다. 우리 회계를 배우는 사람들은 정말이지 인기상품이다.

다음 문장은 '这些'와 같은 단어가 없지만 마찬가지로 동격을 의미한다.

它可消除病人在疼痛时的紧张、恐惧等不愉快情绪。

문장을 분석하면 다음과 같다.

它可消除〔病人(在疼痛时)的紧张、恐惧等√不愉快情绪〕
(√='这些')

환자가 머리가 아플 때의 긴장이나 두려움과 같은 유쾌하지 못한 느낌을 없애 준다.

13 '一些+(첨가어+的)+중심어' 구조의 분석

就在那天早上8点，他还在电话中跟他的秘书谈了一些关于中国的事情。

바로 그날 아침 8시에 그는 전화상으로 비서와 중국 관련 일들을 논의하였다.

문장을 분석하면 다음과 같다.

他//还/在电话中/跟他的秘书/谈了/一些(关于中国的)事情

'谈了一些关于中国的事情'을 '중국의 일에 관해 논의했다'로 해석할 경우 성분 분석을 잘못 한 것이다. '关于中国'가 뒤의 '事情'을 수식하는 구조로 '중국에 관한(중국과 관련한) 일들'로 해석해야 한다. '一些'와 직접 관련을 맺는 것은 중심어(명사) '事情'이지 개사 '关于'가 아니다. 분석에 필요한 기초지식으로 명사구 '一些事情'이란 표현을 알아야 한다.

谈了/一些(关于中国的)事情 (O)
谈了/一些关于(中国的事情) (×)

같은 유형의 예로 다음과 같은 것이 있다.

我们还喜欢跟那些和我们性格、爱好差不多的人交朋友。
우리는 또 우리와 성격이나 취미가 비슷한 사람들과 사귀기를 좋아한다.

我们 ‖ 还喜欢跟〔那些(和我们)(性格、爱好差不多的)人〕交朋友。

문장 분석에서 먼저 명사구 '那些人'에서 '那些'와 '人' 사이에 부가어가 첨가된 것을 파악해야 한다. 그러기 위해서는 이 확대된 문장의 기본 문장은 '喜欢跟那些人交朋友'임을 알아야 한다. 또 다른 예를 보자.

中产阶层就是那些有稳定的收入、有钱买房买车、有钱去玩儿的人，也是那些过着很好的生活、但是又很累得人。
중산층이란 안정된 수입에 집과 차를 살 돈이 있고 놀러 갈 돈이 있는 사람들이다. 그리고 좋은 생활을 하지만은 피곤하기도 한 사람들을 말한다.

中产阶层 ‖ 就是那些(有稳定的收入、有钱买房买车、有钱去玩儿的)人，也是那些(过着很好的生活、但是又很累的)人。

'一位'를 첨가한 문장도 동일한 방식으로 분석할 수 있다.

我们的班长是一位常常给大家带来快乐的人。

我们的班长 ‖ 是一位(常常给大家带来快乐的)人。
一位在中国住了好多年的法国朋友叫我点中餐。
一位(在中国住了好多年的)法国朋友 ‖ 叫我点中餐。

14 문장부호의 해석

为什么会有那么多人报考公务员呢？大学生们认为主要有两个原因：中国加入了世贸组织，政府工作可以得到比较好的发展；去年一年之内公务员两次提高工资，可以看出公务员帐入会不断得到提高。

이 단락을 해석하기 위해서는 문장부호의 의미를 알아야 한다. 그렇지 않으면 다음과 같은 잘못된 해석을 하게 된다.

> 대학생들이 보기엔 크게 두 가지 원인이 있다. 즉, 중국이 WTO에 가입한 것과 정부의 일이 더 나아질 수 있다는 것이다. (×)

학습자는 '中国加入了世贸组织'와 '政府工作可以得到比较好的发展'을 두 가지 원인으로 보고 해석했다.

문장부호 쌍점(:)은 우리말의 '다음과 같다'에 해당하는 의미로 쌍점 뒤에는 세부적인 내용이 온다. 그리고 세미콜론(;)은 주로 병렬관계의 두 문장을 연결한 복합문에 사용한다. 우리말의 '그리고'에 해당하고 마침표와 동일한 기능을 한다. 따라서 '대학생들이 본 두 가지 원인'은 바로 세미콜론을 사용한 앞 문장과 뒤 문장을 말한다. 그리고 세미콜론 앞의 문장 "中国加入了世贸组织，(所以)政府工作可以得到比较好的发展"도 인과관계의 의미로 해석해야 한다. 이 문장의 문장 분석과 해석은 다음과 같다.

中国加入了世贸组织，政府(的)工作(주어) ‖ 可以得到(동사)＋比较好的发展(목적어)；去年一年之内公务员 ‖ 两次(부사어)提高(동사)工资(목적어)，可以看出(동사)/公务员(的)收入 ‖ 会不断(부사어)得到(동사)提高(목적어)。

왜 그렇게 많은 사람들이 공무원 시험에 응시하려 하느냐? 대학생들이 보기엔 크게 두 가지 원인이 있다. 중국이 WTO에 가입함으로 인해서 정부 쪽 일이 훨씬 더 나아질 수 있다는 것과 (그리고) 작년 한해 동안 공무원의 임금이 두 배나 올랐기 때문에 공무원 수입이 계속해서 오를 것임을 알 수 있다는 것이다.

什么是好职业呢？一般人都认为收入高、比较体面的职业是好职业，比如医生、律师。

일반인들은 의사나 변호사와 같이 수입이 많고 체면이 서는(신분을 갖춘) 직업이 좋은 직업이라고 여긴다.

모점(、)은 우리말의 가운뎃점과 같은 역할을 한다. 우리말에서도 이전에는 세로쓰기에서 반점 대신 모점을 사용했다.

中国的干部中还有一个重要的职务—书记。(— = 줄표)

중국의 간부 중에는 또 하나의 중요한 직책인 서기가 있다.

우리말에서는 줄표 앞의 '중요한 직책'이 줄표 뒤의 '서기'를 꾸며주는 관형어 구조로 해석하면 된다.

15

앞뒤 문장 비교를 통해 문법 현상을 발견할 수 있다

해석을 할 때 단순히 의미 이해에만 그치지 않고 문장 구조를 꼼꼼하게 보면서 "어, 이 '了'는 왜 들어갔지?"라는 의문을 가지고 보면 자연적으로 문법에 관심을 가지게 된다. 특히 독해 문장에서 비슷한 문장이나 구를 서로 비교해 보면 문장 분석력과 문법 실력을 향상시킬 수 있다.

有一本杂志说：2002年，在世界135个大城市里，东京的东西是最贵的，第二是大阪。日本的东西是很贵，但是日本人的工资也很高。日本人的工资比美国高。

학습자는 중국어 문장을 해석하다 '东京的东西是最贵的'와 '日本的东西是很贵'의 비교를 통해 자연스럽게 '是~的' 구조에 대한 의문을 가지게 되고 이로 인해 문법에도 관심을 가지게 된다.

"东京的东西是最贵的"는 '是~的' 구조로 어떤 것에 대한 판단을 강조한 것이고 "日本的东西是很贵"는 "她是很聪明"의 '是'와 마찬가지로 '確實'의 의미를 나타낸다.

完美的人生应该是：工作的时候认真工作，业余时间尽情放松，尽情享受。在紧张的工作以后，应该充分地休息。

'认真工作'와 '充分休息'는 모두가 '형용사+동사'의 구조로 이루어진 단어 결합인데 왜 뒤의 '充分休息'에는 '地'가 사용되었을까?라는 의문을 가지고 문장을 읽으면 자연스럽게 문법에 호기심이 생긴다.

'형용사+동사'의 구조에서 일반적으로 이음절 형용사 뒤에는 '地'를 사용하지만 자주 결합되는 동사와의 관계에서는 사용해도 되고 안 해도 된다.

认真(地)学习
努力(地)工作

위의 문법 설명에 따르면 '充分地休息'에서 '地'를 생략할 수 있다. 유사한 예로 '充分准备'가 있다. 그런데 왜 글쓴이는 '地'를 사용하였을까? '认真工作--尽情放松--尽情享受', '紧张的工作--充分地休息'에서 처럼 음절 수를 맞추기 위해서이다. 중국인들은 글에서 음절상의 리듬을 굉장히 중시한다.

16

'是~的' 구조는 문장 분석에서 중요하다

有一本杂志说：2002年，在世界135个大城市里，东京的东西是最贵的，第二是大阪，…。
日本的东西是很贵， 但是日本人的工资也很高。日本大学毕业生一个月的工资差不多是20万日元，所以他们的生活还是很不错的。

'是～的' 구조는 화자의 생각, 견해, 태도 등을 단정적으로 표현할 경우에 사용한다. '是～的' 구조를 생략해도 문장의 전체 의미에는 영향을 미치지 않는다. 다만 화자의 강조 어기가 없음을 나타낸다.

'是～的' 구조는 독해에서 가장 많이 나타나는 구조이다. 학습자는 이 구조에 대한 문법 기능을 몰라도 해석에는 지장이 없다보니 관심을 갖지 않는다. 하지만 회화나 작문에서는 중요한 역할을 한다. 같은 유형의 예를 보자.

这个问题，我们也是很注意的。
他的想法是可以理解的。
中国人觉得药和平常吃的东西是不能分开的。

'是～的' 에는 또 다른 문법 기능이 있다.

他妹妹昨天来了。
他给小王写了一封信。

'그의 누이가 왔다', '그는 편지를 썼다' 는 것은 이미 실현된 동작을 나타낸다. 그런데 '언제' 왔는지, '누구에게' 썼는지를 강조할 필요가 있을 때 '是～的' 구조를 사용한다.

他妹妹是昨天来的。
他是给小王写信的。

'是～的' 에서 강조하는 것으로 다음과 같은 것이 있다.

学校是什么时候开学的？(시간)
——学校是九月十三号开学的。
他是从哪儿来的？(장소)
——他是从韩国来的。
你是怎样来的？(방식)
——我是坐火车来的。
这件事，是谁做的？(행위자)
——是老王做的。
你是为什么来的？(목적)
——我是为这件事来的。

17

복잡한 문장구조도 기본 문형에서 나온다

他常常和女朋友李丽及儿子小王去北京附近旅行。
그는 여자 친구 李丽와 아들 小王과 함께 북경 근처로 자주 여행을 갔다.

이 문장은 [他+부사어+개사+대상+去+장소+동사]의 성분으로 구성되어 있다. 이 문장을 정확하게 분석하기 위해서는 다음과 같은 '기본 문장→문장 확대'를 알아야 한다.

我和(跟)他一起去
我和(跟)他一起去图书馆
我和(跟)他一起去图书馆看书
我常常和(跟)他一起去图书馆看书

또 다른 예를 보자.

根据自己的兴趣选择旅行的路线。<u>提前做订票、联系住宿等准备工作。</u>

이 문장에 대한 옳은 분석과 틀린 분석은 다음과 같다.

提前(做订票、联系住宿等)准备工作 (×)
提前做(订票、联系住宿等)准备工作 (O)

'提前/做订票/联系住宿等准备工作'로 분석하여 '사전에 표를 예약하고 숙박 연락을 하는 등의 준비작업을 하다'로 해석하니 우리말 '하다'에 해당하는 동사가 안 보인다. 그리고 '표를 예매하다'를 중국어로 '做订票'로 표현하는 것도 문법에 맞지 않다. 이 문장을 정확히 분석하기 위해서는 '做+(准备)工作'에 '订票、联系住宿等'이 첨가되었음을 알아야 한다.

이러한 분석을 위해 가장 기본적으로 갖춰야 할 문법 지식은 '工作'는 동사이지만 '做工作'에서 '工作'는 명사가 되고 '做'와 '工作' 사이에는 부가성분이 들어갈 수 있다는 것이다.

18 술어 앞에 주어가 둘 이상일 경우의 해석

술어 앞에 주어가 둘 이상일 경우 제1명사(주어)는 우리말의 주제 표시 조사 '-은/는'으로 표현된다. 그리고 제2명사(주어)는 주로 '-이/가'로 표현되나 간혹 '-은/는'이나 다른 조사로 표현되기도 한다. 이러한 다중 주어 구조를 모르면 학습자는 아래 문장에서처럼 두 개의 명사 구조 '北京人的热情'과 '南方人'이 연이어 나타날 경우 어떻게 해석해야 할지 난감해 한다.

北京人的热情南方人无法比。一旦熟了，找他们帮忙一定没问题。

北京人的热情　南方人　无法比

북경 사람들의 열정은 남방 사람들과는 비교할 수 없다.

같은 유형의 다른 예를 보자.

主要的景点导游都会带你去看。

主要的景点 导游 都会带你去看

주요 관광지는 가이드가 너를 데리고 갈 것이다.

登山我不喜欢去那种名山大川，人太多。

登山 我 不喜欢去那种名山大川

등산은 나는 그런 이름난 산천은 좋아하지 않는다.

刚到加拿大的中国人，业余生活很单调。

刚到加拿大的中国人，业余生活很单调

캐나다에 막 도착한 중국사람들은 여가생활이 아주 단조롭다.

19 복잡한 목적어 성분 구조의 해석

인칭대명사(주어) 뒤에 '发现', '知道', '认为' 등의 동사가 오면 학습자는 해석에서 무조건 우리말의 목적격조사 '-을/를'를 떠올려야 한다. 즉, '知道'의 경우 [알다 — 무엇을]을 생각해야 한다. 그 다음 복잡하고 긴 목적어 성분을 다시 분석해야 한다. 이들 동사는 긴 목적어를 취하는 경우가 많은데 목적어가 아무리 길어도 당황할 필요가 없다.

现代医学发现，〔吗啡具有明显的镇痛和止咳作用〕，～。(〔 〕= 목적어 성분)

모르핀은 확실히 진통·止咳 작용이 있음을 현대의학은 발견했다.

你要知道〔你看了课文以后了解不了解课文的道理〕，然后看～。

본문을 보고 나서 본문의 이치를 이해했는지를 알아야 한다.

一般人都认为〔收入高、比较体面的职业是好职业〕，比如医生、律师。

일반인들은 의사나 변호사처럼 수입이 많고 비교적 점잖은 직업이 좋은 직업이라고 여긴다.

다음과 같이 목적어 성분 안에 여러 개의 문장이 들어갈 수도 있다.

这几年越来越多的青年学生想出国留学，可是政府规定，〔正在攻读硕士学位的研究生不能申请留学，已经毕业的研究生也要工作两年后，才有资格申请自费留学〕。

석사과정에 있는 대학원생은 유학 신청을 할 수 없고 졸업한 대학원생 또한 2년간 일한 후에야 자비유학을 신청할 자격이 있다고 정부는 규정하고 있다.

이 경우 학습자는 우리말 의미 추정에 근거해 다음과 같이 '规定'의 목적어 부분을 '~研究生不能申请留学'까지로 잘못 설정하기도 한다.

可是政府规定，〔正在攻读硕士学位的研究生不能申请留学〕(×)

석사과정에 있는 대학원생은 유학 신청을 할 수 없다고 규정하고 있다.

다음 예에서는 존현문('장소+동사(着)+존재 대상')이 '发现'의 목적어 성분으로 사용된 것이다.

当我们的车超过那辆车时，我发现〔那辆车的窗户上挂着一块小牌子〕。

우리 차가 그 차를 추월할 때 그 차 창문에 작은 푯말이 걸려 있는 것이 눈에 들어왔다.

다음 예에서는 '동사+목적어' 구조가 다시 앞 동사의 목적어로 사용되었다.

减少使用一次性的东西。

이 문장은 [减少+(使用+一次性+的+东西)]의 구조로 이루어진 문장이다. '使用一次性的东西'('동사+(관형어+的)목적어')가 다시 동사 '减少'의 목적어로 사용되었다. 이 구조에 맞추어 우리말로 해석하면 "일회용 물건을 사용하는 것을 줄이다'이다. 다시 자연스러운 우리말 표현으로 바꾸려면 동사 '使用'을 명사로 해석해서 '일회용 물건의 사용을 줄이다'로 해석해야 한다. 이러한 우리말 표현 전환의 연습은 '일회용 물건의 사용을 줄이다'의 중국어 작문 연습에 많은 도움이 된다.

또 다른 목적어 성분의 구조를 보자.

只要我们有了注意节水的意识，还能想出更多的好办法。

우리가 절수에 신경써야 한다는 의식을 가지기만 하면 더 많은 좋은 방법들을 생각해낼 수 있다.

이 문장에서 동사 '有' 뒤의 '注意节水的意识'는 목적어 성분인데 분석하기가 어려운 구조다. 틀린 분석과 옳은 분석은 다음과 같다.

我们有了〔注意(节水的意识)〕(×)

우리가 절수의 의식을 주의하다.

我们有了〔(注意节水的)意识〕(O)

우리가 절수를 주의하는 의식을 가지다.

20

'以+동사' 구조의 해석

但当时作为一个三四岁的孩子，我确实尝到了恐惧、害怕的滋味。我来到这个世界的时候，正是我们家经济拮据的时候，妈妈不得不马上去继续做自己的工作，以维持家庭的经济收入。

이 문장에서 접속사 '以'는 목적을 표시한다. 동사구1 '做(自己的)工作'와 동사구2 '维持(家庭的)经济收入' 사이에 사용된다. 중국어 문장을 해석하다 보면 학습자 누구나가 느끼는 것이지만 대부분의 해석이 우리말과 동일하게 앞 문장부터 순차적으로 해석된다. 하지만 목적 표시의 '以'가 첨가된 문장의 경우에는 영어의 목적 표시 'to부정사'처럼 동사구2부터 해석하면 더 정확한 의미를 전달할 수도 있다. 해석문은 다음과 같다.

어머님께서는 가정의 경제적 소득을 유지하기 위해서 당신의 일을 계속해서 할 수밖에 없었다.

'以'가 없는 문장에서도 목적 표시에 중점을 두고 해석할 수 있다.

等他们工作、生活稳定以后，他们就开始花越来越多的钱和时间去丰富业余生活。('去'=어세를 표시)

일과 생활이 모두 안정되고 나자 그들은 여가생활을 풍족히 하기 위해 더 많은 돈과 시간을 투자하기 시작했다.

제2편
해석 실전

第一课 高考

一、课文

高考，是“普通高等学校招生全国统一考试”的简称，是中国重要的全国性考试之一[1]。

1966年到1976年十年“文化大革命”期间高考被中断。“文革”结束后恢复了高考。“文革”后的第一次高考于1977年12月举行。当时全国570多万人参加考试，这大概是世界考试史上人数最多、规模最大的一次考试。录取人数只有27万多，录取比例为29：1。

高考以省为单位[2]。虽然名义上为全国统一考试，但部分地区自2001年起全面或部分采用自主命题的试卷。大部分地区每年举行一次高考。2003年以前在7月举行，2003年开始改为每年6月举行。也有部分省市每年举行两次高考，增加的一次在1月举行，称为春季高考(春招)。但是，因为很少有学校参加春季招生，所以春季高考的人数比夏季少得多。

在中国，高考有相当大的权威性，所有大学都根据高考分数录取学生。能否进大学、能否进名牌大学对一个人的前途有非常重要的影响，因此很多人把高考看做是决定人生的关键[3] [4]。

注释

① 高等学校gāoděng xuéxiào：指大学。

② 文化大革命wénhuà dà gémìng：指1966年5月至1976年10月在中国由毛泽东发动和领导的政治运动。

二、生詞

招生 (动) zhāo//shēng
简称 (名) jiǎnchēng
恢复 (动) huīfù
举行 (动) jǔxíng
规模 (名) guīmó
录取 (动) lùqǔ
采用 (动) cǎiyòng
自主命题 zìzhǔ mìngtí
权威性 (名) quánwēixìng
根据 (介) gēnjù
前途 (名) qiántú
关键 (名) guānjiàn

三、重点词语与句式

[1] **是 … 之一** shì … zhīyī

① 小李是班里最用功的学生之一。

② 颐和园是北京最漂亮的公园之一。

[2] **以 … 为 …** yǐ … wéi

① 这次汉字比赛以班为单位。

② 他以生病为借口逃课。

[3] **因此** yīncǐ

① 我认识他很多年了，因此非常了解他。

② 雪太大，比赛因此取消了。

[4] **把 … 看做 …** bǎ … kànzuò

① 不要把学习看做负担。

② 人们把结婚看做人生大事。

四、练习

01. 读后判断正误:

(1) “文化大革命”期间中国没有举行过高考。(　　　)

(2) 1977年12月举行的那次高考，29个人中只能有1个人被录取。(　　　)

(3) 高考是全国统一考试，所有学生的考试内容是一样的。(　　　)

(4) 参加夏季高考的人数没有参加春季高考的人数多。(　　　)

(5) 高考的分数决定一个人能否进入大学和进入什么样的大学。(　　　)

02. 在所给的词语中，选择与句子中划线部分意思相同的，填入括号中:

叫做　从　能不能　是　成　开始　在

(1) 录取比例为29∶1。(　　　)

(2) “文革”后的第一次高考于1977年12月举行。(　　　)

(3) 部分地区自2001年起全面或部分采用自主命题的试卷。(　　　)
(　　　)

(4) 2003年开始改为每年6月举行。(　　　)

(5) 增加的一次在1月举行，称为春季高考(春招)。(　　　)

(6) 能否进名牌大学对一个人的前途有非常重要的影响。(　　　)

03. 请在课文中找出与考试有关的词，并补充你知道的其他词：

第二课 国考

一、课文

现在，如果你问中国的大四学生最近在忙什么，可能不少人会说在准备“国考”。所谓“国考”，指的是中央国家机关公务员考试[1]。1994年，中国中央国家机关首次招考公务员。从那以后，“国考”就一直很热[2]。2011年度共有140多万人报考，最热的职位竞争比例是4961：1，这个数字意味着近5000人竞争一个职位。

其实，公务员这个职业收入不高，工作压力很大，从这个方面来说，算不上特别好的职业[3]。“国考热”的出现与大学生“就业难”有很大的关系。现在，不少学生毕业后很难找到稳定的工作，而公务员则是“铁饭碗”[4]，一般是不会失业的。此外，“学而优则仕”是中国人的传统观念，当了公务员以后，好好工作，将来升个官，可以光宗耀祖。

现在，一些大学生对专业课不感兴趣，经常逃课，但对公务员考试培训班的课相当重视。在今天的大学校园里，最流行的语言就是“考公务员去”！

注释

① 铁饭碗 tiě fànwǎn：指稳定的工作。

② 学而优则仕 xué ér yōu zé shì：出自《论语·子张》。意思是学习以后还有余力就去做官。

二、生詞

中央	(名)	zhōngyāng
机关	(名)	jīguān
招考	(动)	zhāokǎo
职位	(名)	zhíwèi
竞争	(动)	jìngzhēng
收入	(名)	shōurù
出现	(动)	chūxiàn
就业	(动)	jiù//yè
稳定	(形)	wěndìng
升官	(动)	shēng//guān
光宗耀祖	(成)	guāng zōng yào zǔ
培训班	(名)	péixùnbān

三、重点词语与句式

[1] **所谓…，指的是…** suǒwèi…，zhǐ de shì…

① 所谓"小升初"，指的是小学升初中。

② 所谓"高富帅"，指的是高大、富有、帅气的男人。

[2] **热** rè

① 电视剧《裸婚》正在热播。

② 经营管理是热门专业，历史专业是冷门儿。

~热：	国考热、出国热、炒股热、购房热、收藏热、整容热、一股~热

[3] **算不上** suànbushàng

① 她算不上漂亮，但是很可爱。

② 我们公司只有几百名职员，算不上大公司。

[4] **而…则…** ér…zé

① 山东菜味道比较浓，而广东菜则比较清淡。

② 北京人很关心政治，而上海人则更关心经济。

提示：	"而"和"则"也可以只用其中一个，意思不变。如： 北京人很关心政治，而上海人更关心经济。 北京人很关心政治，上海人则更关心经济。

四、练习

1. 选择一个可以插入句子中的词:

(1) 最热的职位竞争比例是4961∶1, ____近5000人竞争一个职位。

A. 可是　　B. 而且　　C. 那么　　D. 也就是说

(2) 公务员这个职业收入不高, ____工作压力很大。

A. 因为　　B. 所以　　C. 可是　　D. 虽然

(3) 一些大学生对专业课不感兴趣, 经常逃课, 但对公务员培训班的课____相当重视。

A. 却　　B. 所以　　C. 而且　　D.也

2. 在所给的词语中, 选择与句子中划线部分意思相同的, 填入括号中:

一共　　跟　　除了这个以外　　将近　　第一

(1) 中央国家机关首次招考公务员。(　　　)

(2) 2011年度共有140多万人报考。(　　　)

(3) 这个数字意味着近5000人竞争一个职位。(　　　)

(4) “国考热”的出现与大学生“就业难”有很大的关系。(　　　)

(5) 此外, “学而优则仕”是中国人的传统观念。(　　　)

3. 在课文中找出与下列动词搭配的词

准备 ______　招考______　报考 ______　竞争 ______

找到 ______　当 ______　重视 ______

第三课 独生子女

一、课文

中国人的传统观念是“多子多福”。以前，不管是城市还是农村[1]，大部分家庭都有好几个孩子。

1979年，中国开始实行计划生育政策，提倡一对夫妻只生一个孩子。据估算[2]，到本世纪初，在计划生育政策实行的20多年中，中国少出生了3亿人。

作为家里唯一的孩子，独生子女被称为“小皇帝”，意思是他们在家里像皇帝一样。有些独生子女的父母非常溺爱孩子，使这些孩子养成了以自我为中心的习惯[3]。长大以后，不善于与人交往，心理比较脆弱。不过，独生子女一般比较自信，思想开放，喜欢创新。

如今，第一代独生子女已经到了谈婚论嫁的年龄，也有不少独生子女已经当上了爸爸妈妈。计划生育政策规定，夫妻双方都是独生子女的家庭，可以生两个孩子。由于很多独生子女从小到大一直过着“衣来伸手，饭来张口”的日子[4]，生活能力较差，所以父母一般还得帮他们照顾孩子。像这样一辈子以子女为中心、为子女忙碌的父母被称为“孩奴”。

二、生詞

实行 (动) shíxíng
政策 (名) zhèngcè
提倡 (动) tíchàng
估算 (动) gūsuàn
唯一 (形) wéiyī
溺爱 (动) nì'ài
养成 (动) yǎngchéng
善于 (动) shànyú
交往 (动) jiāowǎng
脆弱 (形) cuìruò
创新 (动) chuàngxīn
规定 (动) guīdìng
照顾 (动) zhàogù
一辈子 (名) yībèizi
忙碌 (形) mánglù
～奴 (名) ～nú

三、重点词语与句式

[1] **不管** bùguǎn

① 不管是城市还是农村，大部分家庭都有好几个孩子。

② 不管多累，他每周都要带孩子出去玩玩。

③ 不管父母说什么，这孩子都不听。

[2] **据** jù

① 据统计，中国目前的人口数量是13亿三千九百多万。

② 据气象台预报，今天的最高气温是35度。

[3] **使** shǐ

① 她的话使我们很生气。

② 老师对学生特别关心，使学生们很受感动。

[4] **由于** yóuyú

① 由于天气的原因，飞机晚点了。

② 由于公务员的工作很稳定，因此现在报考公务员的人越来越多。

四、练习

01. 读后判断正误:

(1) 实行计划生育政策以后，中国的人口减少了3亿人。(　　　)

(2) 一些独生子女以自我为中心，这与父母的溺爱有关系。(　　　)

(3) 根据计划生育政策，如果一个人是独生子或独生女，不管他/她的爱人是不是独生子或独生女，都可以生两个孩子。(　　　)

(4) 独生子女夫妇不喜欢照顾孩子。(　　　)

02. 选择划线词语的正确解释：

(1) 中国人的传统观念是"多子多福"。

A：孩子多，福也多　　　　B：应该让孩子幸福

(2) 有些独生子女的父母非常溺爱孩子，使这些孩子养成了以自我为中心的习惯。

A：不喜欢跟别人在一起　　　　B：觉得自己最重要

(3) 第一代独生子女已经到了谈婚论嫁的年龄。

A：到了谈恋爱的年龄　　　　B：到了结婚的年龄

(4) 很多独生子女从小到大一直过着"衣来伸手，饭来张口"的日子。

A：生活中的事，什么都不用自己做　　　　B：吃得好，穿得好

03. 在课文中找出与下列动词搭配的词:

实行______　生______　溺爱______　养成______

当______　过______　照顾______

第四课 打的

一、课文

在中国，坐出租汽车也叫“打的”。这个说法来源于香港。香港人把TAXI翻译成“的士”，坐出租车就叫“打的”，后来这个说法传到了内地。现在，跟“坐出租车”比起来[1]，“打的”在口语中更常用。开出租车的男司机被称为“的哥”，女的就叫“的姐”，不过当面称呼时一般叫“师傅”。

跟很多国家比起来，中国的出租车费比较便宜，拿北京来说[2]，起价13元，三公里以上每公里2.3元。

在北京坐过出租车的人大概会有这样的印象：北京的“的哥”特别爱聊天，从政治到经济，从国际到国内，什么都聊。遇到外国乘客，一般先问是哪国人，要是意大利人呢，就聊聊足球；要是韩国人呢，就聊聊烤肉和泡菜[3]。有些外国人很反感“的哥”问他们做什么工作、挣多少钱、多大了什么的，觉得中国人爱打听别人的隐私。其实这只是中国人聊天的方式，先从比较简单的话题开始聊。要是你不想回答，不回答或换个话题就行了。当然也可以问“的哥”同样的问题，他们一般会一五一十地告诉你。

二、生詞

来源于		láiyuányú
传	(动)	chuán
内地	(名)	nèidì
当面	(副)	dāng//miàn
师傅	(名)	shīfu
起价	(名)	qǐjià
印象	(名)	yìnxiàng
反感	(形)	fǎngǎn
隐私	(名)	yǐnsī
方式	(名)	fāngshì
话题	(名)	huàtí
一五一十	(成)	yī wǔ yī shí

三、重点词语与句式

[1] **跟 … 比起来** gēn … bǐqǐlai

① 跟当公务员比起来，我更愿意去公司工作。

② 冬天跟夏天比起来，我比较喜欢夏天。

[2] **拿 … 来说** ná … láishuō

① 今年夏天一点儿也不热，拿这周来说，平均气温才25度。

② 我们班同学都特别努力，拿小李来说，一下课就去图书馆看书。

[3] … **呢**，… ; … **呢**，…　… ne，… ; … ne，…

① 放假时间长呢，我就去外国旅行；时间短呢，就在国内旅行。

② 你要是想知道呢，我就告诉你；要是不想知道呢，我就不说了。

四、练习

01. 读后判断正误:

(1) “打的”的说法是从内地传到香港的。(　　　)

(2) “打的”时，乘客一般当面称呼男司机“的哥”。(　　　)

(3) 要是在北京“打的”，3公里以内是13块钱。(　　　)

(4) “的哥”喜欢打听别人的隐私。(　　　)

02. 判断划线词语所指的内容：

(1) 在中国，坐出租汽车也叫“打的”。这个说法来源于香港。

(2) 在北京坐过出租车的人大概会有这样的印象：北京的“的哥”特别爱聊天。

(3) 其实这只是中国人聊天的方式，先从比较简单的话题开始聊。

(4) 当然也可以问“的哥”同样的问题。

03. 从课文中找出与出租车有关的词，并补充你知道的其他词：

第五课 妻管严

一、课文

气管炎是一种病，但是在中国，如果你听人说某个男人有气管炎，大概不是说他有这种病，而是说他怕老婆[1]，事事都听老婆的话。不是“气管炎”，而是“妻管严”——妻子管得太严。

生活中，在家里没有地位、真的很怕老婆的男人有是有，但不太多。大部分“妻管严”男人是甘愿被老婆管的[2]。有人说，这样的男人是最聪明的，因为他们懂得“好女人是男人最好的学校”的名言。在妻子的管教下[3]，他们会改掉一些不良的习惯、嗜好。家务事都由妻子决定[4]，自己省了好多麻烦，何乐而不为呢？

男人们在一起有时会嘲笑一下“妻管严”男人，女人们大多喜欢“妻管严”男人。“妻管严”男人被认为是最懂得和最善于表达爱的男人。社会上还有这样一种说法：“上等男人怕老婆，中等男人爱老婆，下等男人打老婆。”

据说，中国城市男人“妻管严”排行榜中，上海男人排在第一位。上海男人爱老婆怕老婆，而且很享受“妻管严”的生活，上海女人也因此成为最令人羡慕的女人。

注释

何乐而不为hé lè ér bù wéi：有什么不愿意去做的呢？表示愿意去做。

二、生詞

气管炎	(名)	qìguǎnyán
老婆	(名)	lǎopo
管	(动)	guǎn
严	(形)	yán
甘愿	(动)	gānyuàn
管教	(动)	guǎnjiào
改掉		gǎidiào
嗜好	(名)	shìhào
省麻烦		shěng máfan
嘲笑	(动)	cháoxiào
表达	(动)	biǎodá
排行榜	(名)	páihángbǎng
羡慕	(动)	xiànmù

三、重点词语与句式

[1] **不是…，而是…** bŭshì … ērshì

① 我不是不想去，而是没有时间。

② 他不是不会做，而是不想做。

[2] **被** bēi

① 我的钱包被小偷偷走了。

② 小偷被抓住了。

[3] **在…下** zăi … xiă

① 在中国朋友的帮助下，我的汉语水平越来越高。

② 大学生不容易找到工作，在这种情况下，不少人毕业后继续读研究生。

[4] **由** yŏu

① 我们在北京的活动由旅行社安排。

② 这项工作由小李负责。

四、练习

1. 读后判断正误:

(1) “妻管严”男人都很喜欢被老婆管教。(　　　)

(2) “妻管严”男人是有不良嗜好的人。(　　　)

(3) “妻管严”男人的家庭中，家务事由妻子决定。(　　　)

(4) 因为上海女人对丈夫很严，所以被大家羡慕。(　　　)

2. 选择一个可以插入句子中的词:

(1) 家务事都由妻子决定，____自己省了好多麻烦，何乐而不为呢？

A. 可是　　B. 这样的话　　C. 而且　　D. 不过

(2) 男人们在一起时有时会嘲笑一下“妻管严”男人，____女人们大多喜欢“妻管严”男人。

A. 而　　B. 所以　　C. 而且　　D. 因此

(3) 上海男人____爱老婆怕老婆，而且很享受“妻管严”的生活。上海女人也因此成为最令人羡慕的女人。

A. 虽然　　B. 因为　　C. 不但　　D. 不是

3. 在课文中找出与下列动词搭配的词:

怕 ______ 管教 ______ 改掉 ______ 善于 ______

表达 ______ 享受 ______

第六课 海归

一、课文

“海归”是“海外归来”的简称，指的是在国外留学或工作一段时间后回国创业或求职的人。因为跟“海龟”的发音相同，也被开玩笑地称为“海龟”。

上个世纪九十年代中期，为了吸引留学生回国工作，中国政府制定了很多优惠政策，不少企业也用各种优厚的待遇招聘“海归”，那时候，“海归”的年薪远远高于普通工薪族的收入[1]。

有些“海归”工作很出色，有些则是有学历没能力。还有一些人因为长期生活在国外，思想和行为与周围的人有较大不同，人际关系不太好。一般来说，人们容易接受外国人跟自己不一样，但如果是本国人，想法和做法却像个外国人[2]，大家就会觉得别扭。

近些年，“海归”不如以前吃香了[3]。“海归”的人数逐渐增加，待遇却逐渐下降。有些“海归”甚至找不到工作，在家待业，从“海归(海龟)”变成“海待(海带)”。企业在招聘海归时，也不再像过去一样，只重视留学背景和专业知识，现在更看重工作经验和人际交往能力。

二、生詞

归	(动)	guī
创业	(动)	chuàngyè
求职	(动)	qiúzhí
海龟	(名)	hǎiguī
吸引	(动)	xīyǐn
制定	(动)	zhìdìng
优惠	(形)	yōuhuì
优厚	(形)	yōuhòu
待遇	(名)	dàiyù
招聘	(动)	zhāopìn
工薪族	(名)	gōngxīnzú
出色	(形)	chūsè
周围	(名)	zhōuwéi
人际关系		rénjì guānxi
别扭	(形)	bièniu
吃香	(形)	chīxiāng
逐渐	(副)	zhújiàn
待业	(动)	dài//yè
海带	(名)	hǎidài

三、重点词语与句式

[1] ~于 ~yú

高于、低于、多于、少于、好于、大于、小于

① 今年夏天的平均气温高于往年。

② 学生的人数少于去年。

[2] 却 què

① 他让我们早点到，可是自己却迟到了。

② 我现在的工作待遇不高，压力却很大。

[3] 不如 bùrú

① 我不如她聪明。

② 她非常努力，我不如她。

四、练习

01. 读后回答问题:

(1) “海归”为什么被称为“海龟”?

(2) 上世纪九十年代中期，“海归”的待遇怎么样?

(3) 有些“海归”人际关系不太好的原因是什么?

(4) 企业在招聘“海归”时，以前看重什么，现在呢?

02. 选择一个可以插入句子中的词:

(1) 因为跟“海龟”的发音相同，_____也被开玩笑地称为“海龟”。

A. 因此　B. 就　C. 所以　D. 可是

(2) 如果是本国人，_____想法和做法却像个外国人，大家会觉得别扭。

A. 那么　B. 就　C. 所以　D. 可是

03. 从课文中找出与“工作”有关的词，并补充你知道的其他词：

第七课 女博士

一、课文

不知道从什么时候起，社会上开始流传这样一句话：世界上有三类人，男人、女人、女博士。虽然是句玩笑话，但将女博士从女性中分离出来，反映了社会上一些人对女博士的看法，即没有女人味儿[1]！其实这是一种偏见，很多女博士跟普通的女孩子一样，爱美爱玩爱说爱笑，生活过得多姿多彩。但正是由于人们的偏见[2]，被视为"另类"的女博士不管在恋爱还是求职方面都遇到了不少麻烦。

受"男高女低"的传统观念的影响，不少男人不想找学历或者收入比自己高的女朋友，一些男博士也不愿意再娶个女博士作妻子，对他们来说，成功男人背后需要的是"贤内助"，而不是"女强人"。此外，博士大多从事繁重的科研工作，很难有更多的时间和精力照顾家庭和孩子。"哪个男人愿意每天回家没人做饭吃，周末老婆在实验室，自己在家守空房呢？"有的男人这样说。

在求职的过程中，高学历不但没有给女博士带来便利，有时反而会成为一种障碍[3]。"年纪大、期待的待遇高、骄傲"是很多单位不愿意聘用女博士的理由。

二、生詞

流传	(动)	liúchuán
反映	(动)	fǎnyìng
偏见	(名)	piānjiàn
多姿多彩		duō zī duō cǎi
另类	(名)	lìnglèi
求职	(动)	qiúzhí
贤内助	(名)	xiánnèizhù
女强人	(名)	nǚqiángrén
繁重	(形)	fánzhòng
科研	(动)	kēyán
精力	(名)	jīnglì
守空房		shǒu kōngfáng
障碍	(名)	zhàng'ài
骄傲	(形)	jiāo'ào

三、重点词语与句式

[1] **即** jí

① 春节，即农历正月初一，是中国最重要的传统节日。

② 现在最热门的考试大概就是“国考”，即中央国家机关公务员考试。

[2] **正** zhèng

① 这正是我期待的礼物。

② 正是因为这个工作待遇高，所以才有这么多人来应聘。

[3] **反而** fǎn'ér

① 今年冬天，北方不太冷，南方反而很冷。

② 吃了很多药，病不但没好，反而更重了。

四、练习

01. 读后判断正误

(1) 女博士大多没有女人味儿。(　　　)

(2) "男高女低"是传统观念。(　　　)

(3) 男博士不愿意娶女博士是因为不喜欢学历高的女人。(　　　)

(4) 女博士一般不愿意照顾家庭和孩子。(　　　)

(5) 高学历有时是女博士求职的障碍。(　　　)

02. 在所给的词语中，选择与句子中划线部分意思相同的，填入括号中:

看做　开始　找工作　也就是　把

(1) 不知道从什么时候起，……。(　　　)

(2) 将女博士从女性中分离出来，反映了社会上一些人对女博士的看法，即没有女人味儿。(　　　)、(　　　)

(3) 被视为"另类"的女博士不管在恋爱还是求职方面都遇到了不少麻烦。(　　　)

(4) 在求职的过程中，高学历不但没有给女博士带来便利，有时反而会成为一种障碍。(　　　)

03. 在课文中找出与下列动词搭配的词

流传______ 反映______ 视为______ 遇到______

受______ 娶______ 从事______ 照顾______

守______ 带来______ 成为______ 聘用______

第八课 整容

一、课文

在中国人的传统观念中，自然美才是真正的美。拿化妆来说，在近邻韩国、日本，女性出门不化妆被认为不礼貌，而在中国则被视为自然。至于整容[1]，在韩国和日本是挺平常的事，但在中国，人们还是有些偏见。通过整容变成的"美女"被称为"人造美女"，这种说法多多少少是有些贬义的[2]。整过容的人一般也不愿意让别人知道，要是有人盯着她们问："你割双眼皮了？"，她们会很不自在。

北京女孩小丽现在在韩国留学，她想割双眼皮，还想把圆脸变成像很多女明星那样的瓜子脸，但是怕回国以后别人说三道四，一直犹豫不决。跟父母商量时，父母坚决反对。在他们看来，只有丑八怪才需要整容[3]，女儿现在的样子挺好的，不用整。她男朋友也不支持，他说要是小丽变了样儿，可能他会不习惯。

"爱美之心，人皆有之"，追求美没有错。其实只要美就行了[4]，天生的还是人造的有什么关系呢？

注释

爱美之心，人皆有之 ài měi zhī xīn, rén jiē yǒu zhī：每个人都有爱美的心。

二、生詞

自然	(形)	zìrán
整容	(动)	zhěng//róng
通过	(介)	tōngguò
变成		biànchéng
贬义	(名)	biǎnyì
盯	(动)	dīng
割	(动)	gē
双眼皮	(名)	shuāngyǎnpí
自在	(形)	zìzai
圆脸	(名)	yuánliǎn
瓜子脸	(名)	guāzǐliǎn
说三道四	(成)	shuō sān dào sì
犹豫不决		yóuyù bù jué
丑八怪	(名)	chǒubāguài
反对	(动)	fǎnduì
追求	(动)	zhuīqiú

三、重点词语与句式

[1] **至于** zhìyú

① 我听说西藏风景很美，至于气候怎么样，我不太了解。

② 我想毕业后继续读研究生，至于以后做什么工作，现在还没考虑。

[2] **多多少少** duōduōshǎoshǎo

① 第一次跟女朋友的父母见面，他多多少少有些紧张。

② 听了她的话，我心里多多少少有点别扭。

[3] **只有** zhǐyǒu

① 我平时特别忙，只有周末才有时间去父母家。

② 只有经常练习，汉语水平才能提高。

[4] **只要** zhǐyào

① 我是个球迷，只要有球赛就看。

② 她的结婚条件很简单：只要有房就行。

四、练习

01. 读后判断正误

⑴ 中国人对化妆和整容的看法跟韩国、日本不一样。(　　　)

⑵ 在中国，人们一般不愿意让别人知道自己整容了。(　　　)

⑶ “人造美女”这个词有很大的贬义。(　　　)

⑷ 小丽现在是瓜子脸。(　　　)

⑸ 小丽已经决定整容了，但是父母和男朋友反对。(　　　)

02. 选择一个可以插入句子中的词:

⑴ 在近邻韩国、日本，女性出门不化妆____被认为不礼貌。

A. 却　　B. 以后　　C. 以前　　D. 的话

⑵ 她怕回国以后别人说三道四，____一直犹豫不决。

A. 但是　　B. 所以　　C. 而且　　D. 由于

⑶ 只有丑八怪才需要整容，____女儿现在的样子挺好的，不用整。

A. 则　　B. 却　　C. 而且　　D. 而

03. 在课文中找出与下列动词搭配的词

变成______　盯着______　割______

变______　追求______

第九课 剩女

一、课文

剩女，即以前人们说的大龄女青年，一般指30岁以上的单身女性。之所以被称为“剩女”，是因为到了这个年龄[1]，比她们大的女性一般已经当了妈妈，比她们小的也穿上了婚纱，她们成了“剩下”的女人。

其实，很多剩女各方面的条件一点也不差，其中有不少长得漂亮、收入高、学历高的女性。也许正是因为条件好，所以找对象时眼光也比较高，可是遇到的男人，总是这方面或那方面让她们不太满意，她们又不愿意凑合，期待下一次能遇到满意的。但是随着时间的推移[2]，她们的年龄越来越大，“真命天子”却一直没有出现。

要是到了二十八、九岁还没有对象，有些女性会因为担心自己成为“剩女”而降低择偶条件，周围的人也会热心帮她们介绍对象。但是也有一部分自身条件非常优秀的“剩女”宁愿独身，也不“为嫁而嫁”[3]。她们不在乎别人的眼光，也不愿意为了家庭放弃事业，这些人被称为“黄金剩女”或“钻石剩女”。优秀的大龄未婚男性，被称为“黄金剩男”或“钻石王老五”。

二、生詞

剩女	(名)	shèngnǚ
单身	(名)	dānshēn
婚纱	(名)	hūnshā
剩下		shèngxia
差	(形)	chà
对象	(名)	duìxiàng
眼光	(名)	yǎnguāng
遇到		yùdào
凑合	(动)	còuhe
推移	(动)	tuīyí
降低	(动)	jiàngdī
择偶	(动)	zé'ǒu
嫁	(动)	jià
在乎	(动)	zàihu
放弃	(动)	fàngqì
事业	(名)	shìyè
黄金	(名)	huángjīn
钻石	(名)	zuànshí

三、重点词语与句式

[1] **之所以…，是因为…** zhīsuǒyǐ…，shìyīnwèi…

① 大家之所以不喜欢她，是因为她太骄傲。

② 公务员这个职业之所以受欢迎，主要是因为工作稳定。

[2] **随着** suízhe

① 随着年龄的增长，我们的知识越来越丰富。

② 随着经济的发展，人们的生活水平越来越高了。

[3] **宁愿** nìngyuàn

① 我宁愿一辈子独身，也不嫁给自己不爱的人。

② 他宁愿不睡觉，也要看球赛。

③ 为了出国留学，他宁愿放弃当公务员的机会。

四、练习

01. 读后判断正误

(1) 大部分女性会在30岁以前结婚。(　　)

(2) "剩女"长得都很漂亮。(　　)

(3) "剩女"遇到的男人各方面条件都很差。(　　)

(4) "黄金剩女"指的是不愿意结婚的女性。(　　)

02. 选择下面的句子划线词语的正确解释：

(1) 比她们大的女性一般已经当了妈妈，比她们小的也<u>穿上了婚纱</u>。

A. 找到了对象　　B. 结婚了　　C. 生孩子了

(2) 她们的年龄越来越大，"<u>真命天子</u>"却一直没有出现。

A. 别人介绍的对象　　B. 追求她们的男人　　C. 理想的结婚对象

(3) 有一部分自身条件非常优秀的剩女宁愿独身，也不"<u>为嫁而嫁</u>"。

A. 只是为了结婚，嫁给自己不太满意的对象

B. 为了结婚而找对象

C. 为结婚放弃事业

03. 从课文中找出与婚恋有关的词，并补充你知道的其他词：

第十课 "虎妈""狼爸"

一、课文

中国有一个成语"望子成龙"，意思是希望孩子有成就。从古到今，中国人都非常重视对孩子的培养和教育。在对子女的教育方式上，中国与西方有很大不同，西方的父母喜欢采用鼓励和称赞的方式，而中国的父母往往采用管教的方式。

蔡美儿是美国耶鲁大学的华裔教授，2011年出版了一本书《虎妈战歌》，介绍自己怎么管教两个女儿，包括要求她们每科成绩是A、不让看电视、钢琴练不好就不让吃饭等。"虎妈"的教育方式在美国引起了关于中美教育方法的大讨论。

除了"虎妈"以外，2011年，人们又认识了一位"狼爸"——香港商人萧百佑。他也写了一本书，叫《所以，北大兄妹》，书中介绍了他是怎么把三个儿女"打"进北大的。他的"名言"是："三天一顿打，孩子进北大"。

"虎妈""狼爸"并不能代表所有的中国父母[1]。现在喜欢采用温和教育方式的父母越来越多。到底该用严厉管教的方式培养孩子的自觉性[2]，还是用鼓励称赞的方式培养孩子的自信心？是该让孩子拥有快乐的童年，还是让他们经受打击、锻炼意志，为将来进入社会做好准备？这是很多家长感到困惑的问题。

注释

耶鲁大学 Yēlǔ dàxué:Yale University

二、生詞

成语	(名)	chéngyǔ
成就	(名)	chéngjiù
培养	(动)	péiyǎng
采用	(动)	cǎiyòng
鼓励	(动)	gǔlì
称赞	(动)	chēngzàn
华裔	(名)	huáyì
钢琴	(名)	gāngqín
严厉	(形)	yánlì
自觉性	(名)	zìjuéxìng
经受	(动)	jīngshòu
打击	(动)	dǎjī
锻炼	(动)	duànliàn
意志	(名)	yìzhì
困惑	(形)	kùnhuò

三、重点词语与句式

[1] **并不/没** bìng　bù/méi

① 好多人说汉语难，我觉得并不那么难。

② 他并不是找不到工作，而是不想找。

③ 我并没做错，他为什么批评我？

[2] **到底** dàodǐ

① 你到底是怎么想的，告诉我好吗？

② 到底应该读博士还是找工作，我犹豫不决。

四、练习

01. 读后回答问题:

(1) 成语“望子成龙”是什么意思？

(2) “虎妈”“狼爸”指的是什么样的父母？

(3) 严厉管教的方式与鼓励称赞的方式各有什么优点？

02. 读后判断正误:

(1) “虎妈”对孩子的要求很高，而且很严厉。(　　　)

(2) “虎妈”和“狼爸”都是不爱孩子的父母。(　　　)

(3) “狼爸”教育孩子的方式是打孩子。(　　　)

(4) 中国的父母都是“虎妈”“狼爸”。(　　　)

(5) 很多家长不知道对孩子采用哪种教育方式更好。(　　　)

03. 在课文中找出与下列动词搭配的词:

教育 ______ 管教 ______ 引起 ______

代表 ______ 培养 ______ 经受 ______

锻炼 ______ 进入 ______ 感到 ______

第十一课 富二代

一、课文

“富二代”，即富人家庭中的第二代。中国从上世纪七十年代末实行改革开放政策以来[1]，出现了一批“先富起来”的人。“富二代”指的是这些人的子女。他们的年龄一般在18岁到35岁之间，大部分人有大学学历，其中很多人有海外留学经历。

由于从小生活环境优越，加上父母的溺爱[2]，一些富二代生活奢侈，行为放纵。豪宅、名车、奢侈品、飙车、赌博、吸毒成为他们的“标签”。富二代飙车造成交通事故的情况时有发生。有人将富二代称为“垮掉的一代”。《中国富二代调查报告》作者陶涛不赞同这样的说法，他说：“我们接触的富二代中，确实有纨绔子弟，他的朋友介绍他时，都偷偷地告诉我们，这是个‘败家子’。但也有的富二代态度谦虚、做事努力，甚至不愿意让别人知道自己的身份[3]。”虽然都是“含着金汤匙”出生的人，但个人的思想观念和行为方式有相当大的差异，“富二代”不等于纨绔子弟。

注释

先富起来xiān fùqǐlai：1978年9月20日，邓小平在天津视察时提出“先让一部分人富裕起来”。

二、生詞

优越	(形)	yōuyuè
奢侈	(形)	shēchǐ
放纵	(形)	fàngzòng
豪宅	(名)	háozhái
奢侈品	(名)	shēchǐpǐn
飙车	(动)	biāo//chē
赌博	(动)	dǔbó
吸毒	(动)	xī//dú
标签	(名)	biāoqiān
垮掉		kuǎdiào
确实	(副)	quèshí
纨绔子弟	(名)	wánkù zǐdì
偷偷	(副)	tōutōu
败家子	(名)	bàijiāzǐ
谦虚	(形)	qiānxū
身份	(名)	shēnfen
含	(动)	hán
汤匙	(名)	tāngchí

三、重点词语与句式

[1] … **以来** … yǐlái

① 入学以来，我一直努力学习。

② 自2010年以来，我校的留学生人数逐渐增加了。

[2] **加上** jiāshang

① 最近特别忙，加上身体不太好，我没跟朋友们联系。

② 这条路比较窄，再加上来往的车辆很多，所以经常堵车。

[3] **甚至** shènzhì

① 这件事她谁也没告诉，甚至她的父母也不知道。

② 我爸爸特别忙，甚至周末也不能休息。

四、练习

01. 读后回答问题:

(1) “富二代”的父母是什么人？

(2) 为什么有人将“富二代”称为 “垮掉的一代”？

(3) “富二代”们的思想观念和行为方式都一样吗？

(4) 为什么说“富二代”是“含着金汤匙”出生的？

02. 选择一个可以插入句子中的词:

(1) 中国从上世纪七十年代末实行改革开放政策以来，出现了一批“先富起来”的人。“富二代”指的____是这些人的子女。

A. 也　　B. 就　　C. 才　　D. 又

(2) 虽然都是“含着金汤匙”出生的人，但个人的思想观念和行为方式____有相当大的差异。

A. 就　　B. 也　　C. 却　　D. 而

(3) “富二代”____不等于纨绔子弟。

A. 并　　B. 但　　C. 就　　D. 而

03. 将可以搭配的词连线

环境　　放纵
生活　　优越
行为　　谦虚
态度　　奢侈

第十二课 暴走妈妈

一、课文

陈玉蓉，1954年出生，是中国湖北省武汉市一个普通妇女。她的儿子患先天性肝病，病情严重。陈玉蓉决定捐献肝脏救儿子，但是她患有重度脂肪肝，不适合做移植手术。

为了达到手术要求，陈玉蓉开始了减肥计划 — 每天暴走(快步行走)十公里，每餐只吃半个饭团。她说，有时候很想多吃点儿，但一想到儿子，又忍住了。在七个月时间里，陈玉蓉走了两千多公里，走破了四双鞋，体重从68公斤减到了60公斤。功夫不负有心人，7个月以后，当她再次去医院检查时，奇迹出现了，脂肪肝没有了。连医生都感叹[1]，当了几十年医生，还没有见过一个病人能在短短7个月内消除重度脂肪肝。“没有坚定的信念和非凡的毅力，是做不到的[2]。”

2009年11月3日，这对母子在武汉同济医院顺利地做了肝脏移植手术。

人们称陈玉蓉为“暴走妈妈”。在这场生命的马拉松中，一位母亲忍住饥饿和疲倦走到了终点。她赢了，母爱战胜了病魔。陈玉蓉的事迹感动了很多人，她也因此当选2009年度“感动中国人物”。

注释

功夫不负有心人 gōngfu bù fù yǒuxīnrén：只要用心去做一件事，就会取得成功。

二、生詞

患 (动) huàn
先天性 (名) xiāntiānxìng
肝病 (名) gānbìng
捐献 (动) juānxiàn
救 (动) jiù
脂肪肝 (名) zhīfánggān
移植 (动) yízhí
达到 (动) dádào
忍住 rěnzhù
奇迹 (名) qíjì
感叹 (动) gǎntàn
消除 (动) xiāochú
坚定 (形) jiāndìng
信念 (名) xìnniàn
非凡 (形) fēifán
毅力 (名) yìlì
马拉松 (名) mǎlāsōng
疲倦 (形) píjuàn
战胜 (动) zhànshèng
病魔 (名) bìngmó
当选 (动) dāngxuǎn

三、重点词语与句式

[1] **连 … 都/也 …** liān … dōu/yě …

① 这么容易的问题，连三岁小孩都会回答。

② 我今天忙得连饭也没吃。

[2] **做不到** zuòbudào

① A：一天之内记住100个生词，你做得到吗？

B：做不到。

② 把全部财产捐献出来，一般人做不到。

四、练习

01. 读后回答问题:

(1) 陈玉蓉暴走的目的是什么？

(2) 为什么说陈玉蓉的脂肪肝没有了是个奇迹？

02. 选择一个可以插入句子中的词:

(1) 但是________ 她患有重度脂肪肝，________ 不适合做移植手术。

A. 因为 … 所以　　B. 虽然 … 但是

C. 不但 … 而且　　D. 既然 … 那么

(2) 有时候很想多吃点，但一想到儿子，________又忍住了。

A. 因此　　B. 可是

C. 就　　D. 所以

(3) ________没有坚定的信念和非凡的毅力，是做不到的。

A. 虽然　　B. 因为　　C. 如果　　D. 就是

03. 在课文中找出与下列动词搭配的词:

患 ______ 捐献 ______ 救 ______ 移植 ______

达到 ______ 消除 ______ 忍住 ______ 战胜 ______

第十三课 干得好不如嫁得好

一、课文

新中国建立以前，女性很少有机会在社会上工作。新中国建立以后，提倡男女平等，女性纷纷走出家庭，走上社会。近些年来，随着就业压力的增加以及各种竞争的日趋激烈[1]，社会上出现了“干得好不如嫁得好”的说法，想作“全职太太”的女性多了起来。某大学三年级的女生小李一个暑假相了四回亲。她认为：既然找个好工作不容易，就该早点儿找个事业有成的好丈夫[2]。目前，与小李有同样想法的年轻女性为数不少。在她们看来，对一个女人来说，与其跟男人一样在社会上拼搏，不如回到家庭，相夫教子，过衣食无忧、轻松愉快的生活[3]。

对此，现年35岁，过去3年里一直在家做全职太太的林女士有不同的感受。她说：“我曾在外企工作过10年，后来辞了职在家带孩子。刚开始时觉得挺满足，但是日子长了就觉得生活太单调，常常感到空虚。跟朋友们见面聊天时，听人家热热闹闹地说着工作中的酸甜苦辣，自己心里挺不是滋味的。假如能重新选择的话，我宁愿辛苦点儿也不放弃自己的事业，现在后悔也来不及了”。

注释

新中国 xīn Zhōngguó：中华人民共和国。1949年建立。国庆日为10月1日。

二、生詞

建立	(动)	jiànlì
提倡	(动)	tíchàng
纷纷	(副)	fēnfēn
日趋	(副)	rìqū
激烈	(形)	jīliè
干	(动)	gàn
相亲	(动)	xiāng//qīn
事业有成		shìyè yǒu chéng
拼搏	(动)	pīnbó
相夫教子		xiàng fū jiào zǐ
衣食无忧		yī shí wú yōu
轻松	(形)	qīngsōng
感受	(名)	gǎnshòu
外企	(名)	wàiqǐ
单调	(形)	dāndiào
空虚	(形)	kōngxū
重新	(副)	chóngxīn
选择	(动)	xuǎnzé
后悔	(动)	hòuhuǐ
来不及		láibují

三、重点词语与句式

[1] **以及** yǐjí

① 导游给我们介绍了这里的历史、文化以及美食。

② 他给我介绍了他的留学计划，以及回国后打算做什么。

[2] **既然** jìrán

① 你既然不想去，那么就别去了。

② 你既然知道这件事，为什么不告诉我？

[3] **与其…，不如…** yǔqí …，bùrú …

① 这么好的天气，与其在家看电视，不如出去玩玩。

② 与其嫁给不爱的人，不如一辈子独身。

四、练习

01. 读后判断正误:

(1) 新中国建立以后，在社会上工作的女性多起来了。(　　)

(2) "全职太太"指的是不想工作的女人。(　　)

(3) 一些年轻女性觉得在家相夫教子比去外边工作好。(　　)

(4) 林女士一直不喜欢当全职太太。(　　)

(5) 林女士后悔放弃了事业。(　　)

02. 选择划线词语的正确解释：

(1) 女性纷纷走出家庭，走上社会。

A. 进入社会工作　　B. 去社会上看看

(2) 社会上出现了“干得好不如嫁得好”的说法。

A. 事业成功比婚姻幸福更重要

B. 嫁给一个好丈夫比事业成功更好

(3) 既然找个好工作不容易，就该早点儿找个事业有成的好丈夫。

A. 有理想职业　　B. 事业成功

(4) 与小朱有同样想法的年轻女性为数不少。

A. 人数不少　　B. 人数不多

(5) 不如回到家庭，相夫教子。

A. 跟丈夫一起教育孩子　　B. 帮助丈夫，教育孩子

(6) 过衣食无忧，轻松愉快的生活。

A. 有吃有穿　　B. 生活富裕

(7) 听人家热热闹闹地说着工作中的酸甜苦辣，自己心里挺不是滋味的。

A. 没有感觉　　B. 心里不舒服

(8) 现在后悔也来不及了。

A. 后悔也晚了　　B. 不用后悔

第十四课 蚁族

一、课文

北京的唐家岭——一个普通的小村庄，距位于北京市中心的天安门广场20公里，本地村民约3000人，外来人口已超过50000人，其中多数是来自全国各地的大学毕业生。他们两三个人一起住在只有十平米左右的出租房里。在中国，像这样的大学毕业生、低收入、聚居群体被称为“蚁族”，他们像蚂蚁一样弱小，也像蚂蚁一样坚强。

“蚁族”大多数是“80”后，主要来自农村或经济不太发达的地区，大学毕业后来到大城市，希望能在这里实现自己的理想。但是大城市人才多，竞争激烈，他们中的大部分人只能找到像推销员、服务员或售货员这样的低收入工作，租住在像唐家岭这样租金便宜但交通还算方便的地区[1]。理想与现实的矛盾，加上生活环境太差，使他们感到非常失望。他们看不到未来，但是又不愿意放弃，只好努力坚持着[2]。

不止在北京[3]，几乎在每座繁华的大都市背后，都有一个“唐家岭”。在那里住着一群像蚂蚁一样弱小而坚强的年轻人，他们的名字叫“蚁族”，他们的精神叫“奋斗”。

注释

80后：1980年到1989年出生的人。

二、生詞

村庄	(名)	cūnzhuāng
平米	(量)	píngmǐ
聚居	(动)	jùjū
群体	(名)	qūntǐ
蚂蚁	(名)	mǎyǐ
弱小	(形)	ruòxiǎo
坚强	(形)	jiānqiáng
发达	(形)	fādá
实现	(动)	shíxiàn
人才	(名)	réncái
推销员	(名)	tuīxiāoyuán
矛盾	(名)	máodùn
失望	(动)	shīwàng
坚持	(动)	jiānchí
几乎	(副)	jīhū
精神	(名)	jīngshén
奋斗	(动)	fèndòu

三、重点词语与句式

[1] **算** suàn

① 今天虽然气温低，但天很晴，没有风，算是好天气。

② 对有钱人来说，300万一套的房子不算贵。

③ 我家附近有一个地铁站，交通还算方便。

[2] **只好** zhǐhǎo

① 没买到飞机票，我只好坐火车回家了。

② 她没时间去，只好我去了。

[3] **不止** bùzhǐ

① 看起来他不止50岁。

② 不止我，这件事好多人都知道。

四、练习

01. 读后判断正误:

(1) 唐家岭离天安门广场20公里。(　　　)

(2) 住在唐家岭的外来人口比本地人多一点。(　　　)

(3) "蚁族"指的是来北京的外地大学毕业生。(　　　)

(4) "聚居"是"蚁族"的特点之一。(　　　)

(5) 住在唐家岭，交通很方便。(　　　)

(6) "蚁族"对未来充满希望。(　　　)

(7) 每个大城市里都有一个叫"唐家岭"的地方。(　　　)

02. 在所给的词语中，选择与句子中划线部分意思相同的，填入括号中:

差不多　距离　从…来　已经　可是　在

(1) 距 位于北京市中心的天安门广场20公里。(　　　)

(2) 本地村民约3000人。(　　　)

(3) 外来人口已超过50000人。(　　　)

(4) 其中多数是来自全国各地的大学毕业生。(　　　)

(5) 在那里住着一群像蚂蚁一样弱小而坚强的年轻人。(　　　)

第十五课 “凤凰男”与“孔雀女”

一、课文

最近几年，网络上出现了两个新名词：“凤凰男”和“孔雀女”。“凤凰男”指的是在农村贫寒家庭中长大、经过努力取得成功、在大城市有稳定的职业和高收入的男人。在人们的眼里，这些男人是“鸡窝里飞出的金凤凰”。“孔雀女”指的是在大城市富裕家庭里长大的女孩。

由于成长环境、家庭条件、生活习惯的不同，“凤凰男”和“孔雀女”之间的爱情、婚姻比较容易出现问题。比如在消费观念和习惯上，“孔雀女”从小娇生惯养，花钱大手大脚；“凤凰男”因为从小吃过很多苦，即使现在生活比较富裕，也还是会保持节俭的习惯[1]。如果双方不能互相理解，很容易因为钱的问题吵架。此外，“凤凰男”和“孔雀女”结婚后，与对方家人相处时如果不能彼此尊重[2]，也会闹矛盾。

相爱容易相处难，幸福的婚姻需要夫妻双方的共同努力。对于“凤凰男”和“孔雀女”来说，因为思想观念、行为方式有较大差异，彼此之间需要更多的理解和沟通，否则就可能互相伤害[3]，甚至导致婚姻的失败。

二、生詞

网络	(名)	wǎngluò
凤凰	(名)	fènghuáng
孔雀	(名)	kǒngquè
贫寒	(形)	pínhán
取得	(动)	qǔdé
成功	(动)	chénggōng
鸡窝	(名)	jīwō
消费	(动)	xiāofèi
娇生惯养	(成)	jiāo shēng guàn yǎng
大手大脚	(成)	dà shǒu dà jiǎo
吃苦	(动)	chī//kǔ
保持	(动)	bǎochí
节俭	(形)	jiéjiǎn
理解	(动)	lǐjiě
吵架	(动)	chǎo//jià
相处	(动)	xiāngchǔ
彼此	(代)	bǐcǐ
尊重	(动)	zūnzhòng
闹（矛盾）	(动)	nào(máodùn)
沟通	(动)	gōutōng
伤害	(动)	shānghài
导致	(动)	dǎozhì

三、重点词语与句式

[1] **即使** jíshǐ

① 学外语时一定要多说，即使说错了也没关系。

② 即使他反对，我也要这样做。

[2] **彼此** bǐcǐ

① 我跟他是老朋友，彼此之间很了解。

② 人跟人相处时应该彼此尊重。

[3] **否则** fǒuzé

① 他肯定有事，否则一定会来。

② 马上出发吧，否则就来不及了。

四、练习

01. 读后判断正误:

(1) "凤凰男"指的是生活贫寒的男人。(　　　)

(2) "凤凰男"花钱不大手大脚。(　　　)

(3) "孔雀女"与"凤凰男"容易因为钱的问题闹矛盾 。(　　　)

(4) "孔雀女"的家人与"凤凰男"的家人有矛盾。(　　　)

(5) "凤凰男"与"孔雀女"的婚姻不会幸福 。(　　　)

02. 在课文中找出与下面的词意思相反的词语:

贫寒 —— 　　大手大脚 —— 　　成功 —— 　　娇生惯养 ——

第十六课 大学生村官

一、课文

"大学生村官"是从20世纪90年代中期出现的，指的是大学毕业后应聘到农村担任村干部的人。目前全国约有20万名"大学生村官"，聘期为2至3年。期满后，工作考核合格者在考公务员、求职等方面，会享受一定的优惠政策。

近些年来，大学生就业难已经成为一大社会问题。"大学生村官"政策的出台不但有助于提高农村基层干部的素质[1]，还在一定程度上缓解了就业压力。而"大学生村官"在利用专业知识，为农村的发展做出贡献的同时[2]，自身也得到了锻炼和提高，可以说，这一政策对大学生和社会都是一件好事。

2008年，包括清华大学法学院毕业生周倍良在内的10名"大学生村官"获得"中国十佳大学生村官"称号。其中，被称为"农民律师"的周倍良的获奖评语是："农民律师"— 包含的是村民无尽的信任，还有背后不为人知的辛劳。新时代的新青年，有着金子般的心和崇高的理想[3]。

二、生詞

担任	(动)	dānrèn
干部	(名)	gānbù
发展	(动)	fāzhǎn
贡献	(名)	gòngxiàn
考核	(动)	kǎohé
合格	(形)	hégé
出台	(动)	chūtái
基层	(名)	jīcéng
素质	(名)	sùzhì
缓解	(动)	huǎnjiě
佳	(形)	jiā
称号	(名)	chēnghào
获奖	(动)	huò//jiǎng
无尽	(动)	wújìn
信任	(动)	xìnrèn
辛劳	(形)	xīnláo
崇高	(形)	chónggāo

三、重点词语与句式

[1] **有助于** yǒuzhùyú

① 经常跟中国朋友聊天，有助于提高汉语口语水平。

② 沟通有助于增进彼此之间的了解。

[2] **同时** tóngshí

① 在中国留学期间，我在提高汉语水平的同时，了解了中国文化。

② 她是个好妻子，同时又是个好母亲。

[3] **~般** ~bān

① 他们之间有着兄弟般的情谊。

② 门外传来一阵银铃般的笑声。

四、练习

01. 读后回答问题:

(1) 大学生当村官对农村发展和自身有什么好处？

(2) “大学生村官”政策有哪几个方面的好处？

(3) 周倍良是什么人？

02. 选择划线词语的正确解释：

“农民律师”— 包含的是<u>村民无尽的信任</u>(1)，还有<u>背后不为人知的辛劳</u>(2)。新时代的新青年，有着<u>金子般的心</u>(3)和崇高的理想.

(1) A. 村民不太多的信任　　B. 村民非常大的信任

(2) A. 人们不知道的辛劳　　B. 人们都知道的辛劳

(3) A. 沉重的心　　B. 善良的心

03. 在课文中找出与下列动词搭配的词:

担任 ______ 享受 ______ 出台 ______ 提高 ______

缓解 ______ 利用 ______ 做出 ______ 得到 ______

获得 ______

第十七课　超级女声

一、课文

“超级女声”，简称“超女”，是中国湖南电视台在2004年至2006年间举办的女子大众歌手比赛，只要是喜爱唱歌的女性，都可以报名参加。节目的口号是“想唱就唱”、“人人都能成明星”。

比赛实行淘汰制，参赛选手能否进入下一轮要看评委和观众的投票结果[1]。这种人人都可以参与的比赛形式让观众觉得非常新颖，参赛选手的水平参差不齐，也让大家觉得很有意思。节目播出后成为最受欢迎的娱乐节目之一。

“超级女声”开播后在中国引起了年轻女孩的“追梦热”。梦想成为明星的女孩们纷纷报名参赛。家长们也热情参与，跟亲戚朋友一起组成啦啦队，甚至有人花钱为孩子拉票。

除了超级女声以外，类似的节目还有很多，比如“快乐女声”“快乐男声”“花儿朵朵”等等。但是，在这样的舞台上，能够实现“明星梦”的人毕竟只是少数[2]。一位参加比赛的成都女孩被淘汰后因为想不开而自杀[3] [4]。这种“不红就死”的行为在社会上引起了很大的震动。如何避免这样的悲剧是家长和全社会需要认真思考的问题。

二、生词

举办	(动)	jǔbàn
大众	(名)	dàzhòng
明星	(名)	míngxīng
淘汰制	(名)	táotàizhì
评委	(名)	píngwěi
投票	(动)	tóu//piào
引起	(动)	yǐnqǐ
亲戚	(名)	qīnqi
啦啦队	(名)	lālāduì
自杀	(动)	zìshā
红	(形)	hóng
震动	(动)	zhèndòng
避免	(动)	bìmiǎn
悲剧	(名)	bēijù

三、重点词语与句式

[1] **看** kàn

① 明天能不能去爬山要看天气，晴天就去，下雨的话就不去了。

② A：毕业后我想去中国留学，你去不去？

B：看情况吧，要是没找到工作就去。

[2] **毕竟** bìjìng

① 虽然他聪明，但毕竟是个孩子，回答不了这么难的问题。

② 虽然遇到了很多困难，但我们毕竟成功了。

[3] **因(为)…而…** yīn(wèi)…ér…

① 飞机因为大雪而停飞。

② 不要因害怕失败而放弃努力。

[4] **想不开** xiǎngbukāi

① 我们俩的条件一样，为什么他被录取了，我没被录取？我有点想不开。

② 考不上公务员也没关系，还可以找别的工作，你不要想不开。

四、练习

01. 读后判断正误:

(1) 什么人都可以报名参加“超级女声”节目。(　　　)

(2) 选手能不能进入下一轮是由评委和观众的投票结果决定的。(　　　)

(3) 观众以前没有见过像“超级女声”这样的比赛形式。(　　　)

(4) 参赛选手家长们的热情也很高。(　　　)

(5) 通过唱歌比赛成为明星是不可能的。(　　　)

(6) 那位成都女孩对当明星有特别大的期待。(　　　)

02. 选择划线词语的正确解释：

(1) 参赛选手的水平参差不齐。

A. 很差　　B. 不差　　C. 不一样　　D. 差不多

(2) 甚至有人花钱为孩子拉票。

A. 请人参加啦啦队　　B. 请人投票

C. 请人买票　　D. 请人看比赛

(3) 除了超级女声以外，类似的节目还有很多.

A. 受欢迎　　B. 有意思　　C. 新颖　　D. 差不多一样

(4) 这种“不红就死”的行为在社会上引起了很大的震动。

A. 因为唱得不好，所以不想活了　　B. 如果不能成为明星就死

C. 因为不能比赛，所以不想活了　　D. 没面子的话就死

(5) 如何避免这样的悲剧是家长和全社会需要认真思考的问题。

A. 怎么　　B. 为什么　　C. 为了　　D. 如果

03. 在课文中找出与下列动词搭配的词:

举办 ______ 实行 ______ 进入 ______ 看 ______

参与 ______ 播出 ______ 引起 ______ 组成 ______

实现 ______ 避免 ______ 思考 ______

第十八课　追星族

一、课文

追星，是一种很普遍的现象，世界各国都有“追星族” [1] ,其中大部分是青少年。明星们都有自己的fans,用汉语说是“粉丝”。“粉丝”们密切关注明星们的一举一动，花费大量时间和精力搜集明星的资料，对其身高、体重、星座、爱好、恋爱史等了如指掌。一谈到自己喜爱的明星，就有说不完的话。只要有明星出现的地方，就能见到“追星族”。可以说，明星走到哪儿，“粉丝”就追到哪儿[2]。

自己喜爱的歌星开演唱会时，“粉丝”们会提前好几个小时到场，要是能得到偶像的签名，会如获至宝。演唱会上，他们不停地发出尖叫声，演唱会还没结束，有的人的嗓子已经喊哑了。恐怕他们自己也说不清，到底是来看演出的还是来喊叫的。

喜欢一个人没有错，“追星族”的“疯狂”也可以理解，谁年轻时没做过一两件疯狂的事？但还是应该注意，做任何事情都要有个“度”，不能太过分。追星也是如此。千万不能因为追星耽误了学业[3]，影响了自己的前途。毕竟明星有明星的生活，我们有我们的人生。

二、生詞

普遍	(形)	pǔbiàn
现象	(名)	xiànxiàng
密切	(形)	mìqiè
关注	(动)	guānzhù
一举一动		yī jǔ yī dòng
搜集	(动)	sōují
了如指掌	(成)	liǎo rú zhǐ zhǎng
偶像	(名)	ǒuxiàng
签名	(动)	qiān//míng
如获至宝		rú huò zhìbǎo
尖叫	(动)	jiānjiào
喊哑		hǎnyǎ
疯狂	(形)	fēngkuáng
过分	(形)	guòfèn
耽误	(动)	dānwu

三、重点词语与句式

[1] ~族 zú

工薪族、蚁族、追星族、月光族、啃老族、丁克族

① "月光族"指的是把每个月的工资都花光的人。

② 一些年轻人毕业后不找工作，靠父母生活，被称为"啃老族"。

③ "丁克族"指双收入、没有孩子的夫妻。"丁克"是DINK(Double Income No Kids)的谐音。

[2] 哪儿 … 哪儿 nǎr … nǎr

① 一个人旅游很自由，想去哪儿就去哪儿。

② 他喜欢凑热闹，哪儿人多就爱去哪儿。

[3] 千万 qiānwàn

① 外边下雪了，开车时千万要小心。

② 他是个骗子，你千万不要相信他。

四、练习

01. 读后判断正误:

(1) "追星族"指的是喜欢看演出的青少年。(　　)

(2) "粉丝"们非常了解自己喜爱的明星的情况。(　　)

(3) 在明星出现的地方一定能看到"追星族"。(　　)

(4) 当自己喜爱的歌星开演唱会时,"粉丝"们会早到一会儿。(　　)

(5) "粉丝"们不喜欢看表演,只喜欢喊叫。(　　)

(6) 每个人年轻时都做过一两件疯狂的事。(　　)

(7) 追星会耽误学业,影响前途。(　　)

02. 选择划线词语的正确解释:

(1) 对其身高、体重、星座、爱好、恋爱史等了如指掌。

A. 其中的　B. 实际的　C. 明星的　D. 其他的

(2) 恐怕他们自己也说不清,到底是来看演出的还是来喊叫的。

A. 担心　B. 怕　C. 可能　D. 肯定

(3) 做任何事情都要有个"度",不要太过分。

A. 如何　B. 所有的　C. 重要的　D. 一些

(4) 追星也是如此。

A. 指"影响前途"　B. 指"做疯狂的事"

C. 指"不能耽误学业"　D. 指有个"度"

03. 在课文中找出与下列动词搭配的词:

花费 ______ 搜集 ______ 得到 ______

发出 ______ 耽误 ______ 影响 ______

第十九课 乙肝歧视

一、课文

据世界卫生组织统计，全球约有3.5亿乙肝病毒携带者，也就是说每10个人中可能就有1个是乙肝病毒携带者。

很多人知道乙肝是传染病，但不了解其传染途径，因此害怕与乙肝病毒携带者接触。长期以来，乙肝病毒携带者在入学、就业等方面受到很多歧视。

2003年夏天，安徽省芜湖市的张先著参加了当地公务员考试,笔试和面试成绩都是第一，但在体检中被查出是乙肝病毒携带者，未被录用。张先著以平等权和劳动权被侵害为由[1]，将当地人事局告上了法庭[2]。该案被称为“中国乙肝歧视第一案”，结果是张先著胜诉了。

医学证明，乙肝病毒主要是通过血液传播、母婴传播和性传播，日常工作、学习或生活接触不会导致乙肝病毒传播。2010年2月，中国卫生部、教育部、人力资源和社会保障部联合发布通知，禁止在入学、就业体检中进行乙肝项目检测，并要求医护人员不得泄露乙肝病毒携带者的隐私。

张先著说，他希望有一天，社会上能真正消除乙肝歧视。当别人知道他是乙肝病毒携带者时，会亲切地说：OK，这不是问题。

注释

世界卫生组织Shìjiè Wèishēng Zǔzhī：简称“世卫组织”，World Health Organization -- WHO

二、生詞

乙肝	(名)	yǐgān
病毒	(名)	bìngdú
携带者	(名)	xiédàizhě
传染病	(名)	chuánrǎnbìng
途径	(名)	tújìng
接触	(动)	jiēchù
歧视	(动)	qíshì
权	(名)	quán
侵害	(动)	qīnhài
人事局	(名)	rénshìjú
告	(动)	gào
法庭	(名)	fǎtíng
案	(名)	àn
胜诉	(动)	shèngsù
证明	(动)	zhèngmíng
联合	(动)	liánhé
发布	(动)	fābù
禁止	(动)	jìnzhǐ
泄露	(动)	xièlòu

三、重点词语与句式

[1] **以 … 为由** yǐ … wéiyóu

① 他以工作忙为由不跟大家联系。

② 他以这个班的水平太低为由要求换班。

[2] **将 … 告上了法庭** jiāng … gàoshàngle fǎtíng

① 他不满意公司辞退他，将公司告上了法庭。

② 李先生以侵犯隐私权为由，将记者告上了法庭。

四、练习

01. 读后回答问题:

(1) 全球乙肝病毒携带者的人数大约有多少?
(2) 为什么乙肝病毒携带者会受到歧视?
(3) 张先著为什么将当地人事局告上法庭?
(4) 乙肝病毒传播的主要途径是什么?
(5) 张先著有什么希望?

02. 在所给的词语中, 选择与句子中划线部分意思相同的, 填入括号中:

而且　这个　不能　它的　把　没有

(1) 很多人知道乙肝是传染病, 但不了解其传染途径。(　　)
(2) 在体检中被查出是乙肝病毒携带者, 未被录用。(　　)
(3) 将当地人事局告上了法庭。(　　)
(4) 该案被称为"中国乙肝歧视第一案"。(　　)
(5) 并要求医护人员不得泄露乙肝病毒携带者的隐私。(　　)(　　)

03. 在课文中找出与下列动词搭配的词:

受到 ______ 参加 ______ 发布 ______ 泄露 ______
消除 ______

第二十课 网络语言

一、课文

网络语言指的是网民们在网上交流使用的语言[1]。除了传统的汉字和标点符号以外，网民们还自己创造了一些语言符号，造词方式主要有以下几种：汉语拼音缩写，如"GG(哥哥)、LP(老婆)、PMP(拍马屁)、GXGX(恭喜恭喜)"；英文缩写，如BF(boy friend男朋友)、GF(girl friend女朋友)、BTW(by the way顺便问一下)；数字或字母的谐音，如 7456(气死我了)、88(bye-bye、再见)、9494(就是就是)、CU(see you回头见)；拼音、字母、数字、汉字等混用，如E文(英文)、U2 (you too你也是)、Me 2(me too我也是)；形象符号，如^_^(微笑)、@_@(戴眼镜的人)等。此外，网民们还常用一些谐音词代替原来的词，如用"偶"代替"我"，用"童鞋"代替"同学"，用"水饺"代替"睡觉"。还有一些比较"孩子气"的说法，如"东东"(东西)、"怕怕"(害怕)。有一些词被赋予了新的意思，如"恐龙"指丑女，"青蛙"指丑男。另外，像"嘻嘻、哈哈、呵呵、嘿嘿、呜呜"这样表示笑声或哭声的拟声词以及"啊、啦、哇"等语气词在网络语言中也经常出现。比如"我最近减肥成功啦，哈哈""我又胖了两公斤，呜呜"。

网络语言幽默、生动、简洁，很受网民，特别是年轻网民的欢迎[2]。但是大部分老师不允许学生写作文时使用网络语言，以免不规范的表达方式影响学生的语言表达能力[3]。

二、生詞

交流	(动)	jiāoliú
标点	(名)	biāodiǎn
符号	(名)	fúhào
创造	(动)	chuàngzào
缩写	(名)	suōxiě
拍马屁		pāi mǎpì
恭喜	(动)	gōngxǐ
谐音	(名)	xiéyīn
混用	(动)	hùnyòng
形象	(形)	xíngxiàng
代替	(动)	dàitì
赋予	(动)	fùyǔ
恐龙	(名)	kǒnglóng
青蛙	(名)	qīngwā
拟声词	(名)	nǐshēngcí
语气词	(名)	yǔqìcí
幽默	(形)	yōumò
生动	(形)	shēngdòng
简洁	(形)	jiǎnjié
规范	(形)	guīfàn

三、重点词语与句式

[1] **~民** ~mín

国民　居民　农民　市民　网民　烟民　渔民

① 他父亲抽了40多年烟了，是个老烟民。

② 蔬菜价格上涨问题受到市民的关注。

[2] **特别是** tèbiéshì

① 这条路车很多，特别是上下班时间，堵车的情况很严重。

② 他们几个都很爱运动，特别是小王，什么运动都喜欢。

[3] **以免** yǐmiǎn

① 明天天气很冷，大家要多穿点衣服，以免感冒。

② 你最好把开会时间记在本子上，以免忘了。

四、练习

01. 读后写出下面的词采用的是哪种造词方式:

MM(妹妹)：　　　　神马(什么)：

520(我爱你)：　　　　ps(photoshop)：

O.O(“吃惊”的表情)：　　　　3q(thank you)：

02. 指出下面一段对话中划线部分表示的意思:

A：哪儿？

B：家，U？

A：公司。

B：干神马？

A：加班。忙，U？

B：me 2! 呜……

A：偶跟BF吃饭，先走啦。886!

B：I C, 88!

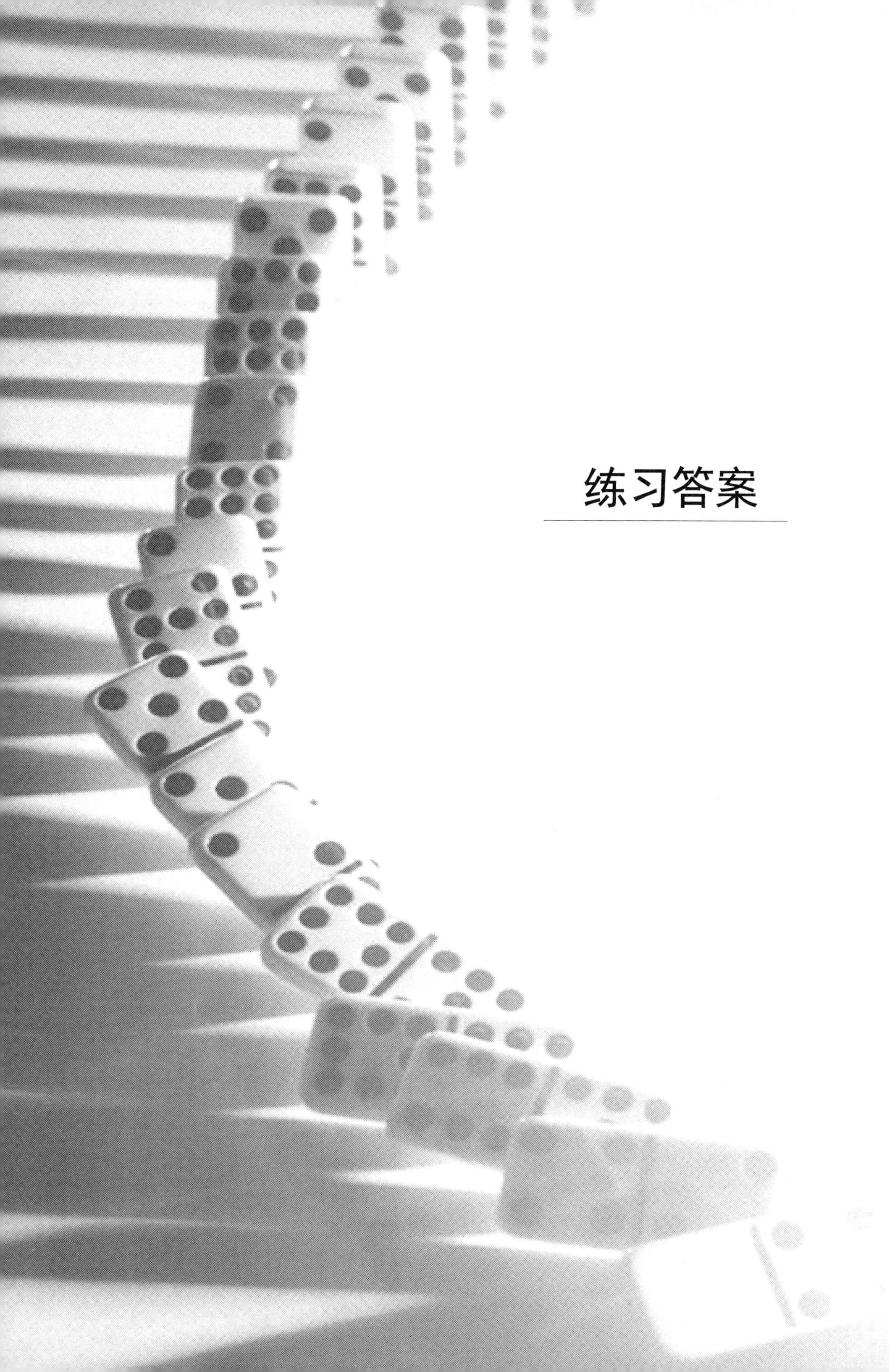

练习答案

练习答案

第一课

练习1：(1) 对 (2) 对 (3) 不对 (4) 不对 (5) 对

练习2：(1) 是 (2) 在 (3) 从、开始 (4) 成 (5) 叫做 (6) 能不能

第二课

练习1：(1) D (2) C (3) A

练习2：第一 (2) 一共 (3) 将近 (4) 跟 (5) 除了这个以外

练习3：准备国考、招考公务员、报考公务员、竞争职位、找到工作、当公务员、重视培训班的课

第三课

练习1：不对 (2) 对 (3) 不对 (4) 不对

练习2：(1) A (2) B (3) B (4) A

练习3：实行计划生育政策、生孩子、溺爱孩子、养成习惯、当爸爸妈妈、过日子、照顾孩子

第四课：

练习1：(1) 不对 (2) 不对 (3) 对 (4) 不对

练习2：(1) "打的"的说法 。

(2) 北京的"的哥"特别爱聊天。

(3) 问别人做什么工作、挣多少钱、多大了什么的。

(4) 做什么工作、挣多少钱、多大了什么的。

第五课

练习1：(1) 不对 (2) 不对 (3) 对 (4) 不对

练习2：(1) B (2) A (3) C

练习3：怕老婆、管教丈夫、改掉习惯/嗜好、善于表达、表达爱、享受生活

第六课

练习2：C ⑵ D

第七课

练习1：⑴ 不对 ⑵ 对 ⑶ 不对 ⑷ 不对 ⑸ 对

练习2：⑴ 开始 ⑵ 把、也就是 ⑶ 看做 ⑷ 找工作

练习3：流传一句话、反映看法、视为另类、遇到麻烦、受影响、娶女博士、从事科研工作、照顾家庭和孩子、守空房、带来便利、成为障碍、聘用女博士

第八课

练习1：⑴ 对 ⑵ 对 ⑶ 不对 ⑷ 不对 ⑸ 不对

练习2：⑴ D ⑵ B ⑶ D

练习3：变成美女、盯着她们、割双眼皮、变样儿、追求美

第九课

练习1：⑴ 对 ⑵ 不对 ⑶ 不对 ⑷ 不对

练习2：⑴ B ⑵ C ⑶ A

第十课

练习1：⑴ 对 ⑵ 不对 ⑶ 对 ⑷ 不对 ⑸ 对

练习2：教育孩子 管教女儿、引起讨论、代表中国父母、培养自信心、经受打击、锻炼意志、进入社会、感到困惑

第十一课

练习2：⑴ B ⑵ C ⑶ A

练习3：环境优越、生活奢侈、行为放纵、态度谦虚

第十二课

练习2：⑴ A ⑵ C ⑶ C

练习3：患肝病、捐献肝脏、救儿子、移植肝脏、达到要求、消除脂肪肝、忍住饥饿和疲倦、战胜病魔

第十三课

练习1：(1) 对 (2) 不对 (3) 对 (4) 不对 (5) 对

练习2：(1) A (2) B (3) B (4) A (5) B (6) B (7) B 8 (A)

第十四课

练习1：(1) 对 (2) 不对 (3) 不对 (4) 对 (5) 不对 (6) 不对 (7) 不对

练习2：(1) 距离、在 (2) 差不多 (3) 已经 (4) 从 … 来 (5) 可是

第十五课

练习1：(1) 不对 (2) 对 (3) 对 (4) 不对 (5) 不对

练习2：贫寒—富裕　　大手大脚—节俭

成功—失败　　娇生惯养—吃苦

第十六课

练习2：(1) B (2) A (3) B

练习3：担任村干部、享受优惠政策、出台政策、提高素质、缓解压力、利用专业知识、做出贡献、得到锻炼和提高、获得称号

第十七课

练习1：(1) 不对 (2) 对 (3) 对 (4) 对 (5) 不对 (6) 对

练习2：(1) C (2) B (3) D (4) B (5) A

练习3：举办比赛、实行淘汰制、进入下一轮、看投票结果、参与比赛、播出节目、引起追梦热/震动、组成啦啦队、实现明星梦、避免悲剧、思考问题

第十八课

练习1：(1) 不对 (2) 对 (3) 对 (4) 不对 (5) 不对 (6) 对 (7) 不对

练习2：(1) C (2) C (3) B (4) D

练习3：花费时间和精力、搜集资料、得到签名、发出尖叫声、耽误学业、影响前途

第十九课

练习2：(1) 它的 (2) 没有 (3) 把 (4) 这个 (5) 而且 (6) 不能

练习3：受到歧视、参加考试、发布通知、泄露隐私、消除歧视

第二十课

练习1：MM (妹妹)：汉语拼音缩写

神马 (什么)：谐音词

520 (我爱你)：数字谐音

ps (photoshop)：英文缩写

O.O ("吃惊"的表情)：形象符号

3q (thank you)：字母、数字混用

练习2：U ：你呢？(you)

干神马？：干什么？

me 2!：我也 (忙)(me too)

呜……：哭声

偶：我

BF：男朋友(boy friend)

886：再见了(Bye-Bye 了)

I C：我知道了(I see)

88：再见

저자

백수진

계명대학교 중국학과 교수

『중국어 번역 급소찌르기』
『한국인을 위한 중국어 작문 클리닉』(공저)

蘇英霞

북경어언대학 교수

『신공략중국어-기초편』(공편)
『신공략중국어-초급편』(공편)

중국어 독해
中文阅读理解

초판 1쇄 발행 _ 2013년 6월 30일
초판 3쇄 발행 _ 2020년 9월 10일

저　　자 • 백수진 · 蘇英霞
발 행 인 • 정 현 걸
발　　행 • 신 아 사
인　　쇄 • 대명프린팅
출판등록 • 1956년 1월 5일 (제9-52호)
주　　소 • 서울특별시 은평구 통일로59길 4 2F
전　　화 • 02)382-6411 · 팩스 02)382-6401
홈페이지 • www.shinasa.co.kr
E-MAIL • shinasa@daum.net

ISBN 978-89-8396-816-6(93720)
저자와의 협의로 인지를 생략합니다.

정가 10,000원